招招狠象棋全攻略破解系列

杀王技巧

傅宝胜　朱玉栋　主　编

时代出版传媒股份有限公司
安徽科学技术出版社

图书在版编目(CIP)数据

杀王技巧 / 傅宝胜,朱玉栋主编.--合肥:安徽科学
技术出版社,2017.7(2022.6重印)
(招招狠象棋全攻略破解系列)
ISBN 978-7-5337-7216-1

Ⅰ.①杀… Ⅱ.①傅…②朱… Ⅲ.①中国象棋-基
本知识 Ⅳ.①G891.2

中国版本图书馆 CIP 数据核字(2017)第 115897 号

杀王技巧   傅宝胜 朱玉栋 主编

出 版 人：丁凌云   选题策划：刘三珊   责任编辑：杨都欣
责任印制：梁东兵   封面设计：吕宜昌
出版发行：安徽科学技术出版社   http://www.ahstp.net
         (合肥市政务文化新区翡翠路 1118 号出版传媒广场,邮编:230071)
         电话：(0551)63533330
印   制：三河市人民印务有限公司   电话：(0316)3650588
(如发现印装质量问题,影响阅读,请与印刷厂商联系调换)

开本：710×1010   1/16   印张：12.5   字数：225 千
版次：2022 年 6 月第 2 次印刷

ISBN 978-7-5337-7216-1   定价：39.80 元

前　　言

　　象棋历史悠久，是中华民族的文化瑰宝，集科学性、艺术性、竞技性、趣味性于一体，以其特有的魅力，吸引着数以万计的爱好者。

　　象棋在培养逻辑思维能力、形象思维能力、空间想象力、指挥能力、应变能力、比较选择能力、计算能力以及大局意识等方面都大有裨益，同时也可以陶冶情操、锻炼意志。

　　本套书中，《入局飞刀》的精妙、《流行布局》的理念、《战术妙招》的组合、《中局杀势》的明快、《杀王技巧》的过程、《妙破残局》的功夫、《和杀定式》的套路、《江湖排局》的奥妙，皆一览无余地展现在读者面前。读者通过本套书的学习，必能迅速提高象棋水平。

　　参加本套书编写的人员有朱兆毅、朱玉栋、靳茂初、毛新民、吴根生、张祥、王永健、吴可仲、金宜民。象棋艺术博大精深，丛书中难免有不当之处，敬请广大读者指正。

编者

目　　录

目 录

目 录

第一章 排局新编 100 局

本章以新编排局形式,来表现杀王技巧。特点是构思新颖、有创意,具有可读性,融趣味性和技巧性于一体。有开拓思维,迅速提高杀王能力之功效。

第1局　神马钩月

如图1-1所示,车、马、兵联合的杀法很多,本局红方弃兵后马挂角成杀。

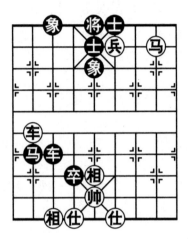

图1-1

1. 兵四进一,士5退6。

黑如改走将5平4,红则车八平六;士5进4,车六进三,红胜。

2. 马二退四,将5进1。

黑如改走将5平4,红则车八平六杀。

3. 车八进四。

红胜。

第2局　神驹当道

如图1-2所示,黑方虽多一车,且有连杀,但红方乘先行之利,巧妙成杀。

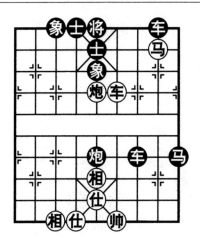

图 1-2

1. 马二退四, 将 5 平 6。

2. 马四进三……

这是唯一能够取胜的精彩着法, 给人以耳目一新的感觉。

2. ……将 6 平 5。

黑如改走士 5 进 6, 红则车四进一, 红胜。

3. 车四进三。

红胜。

第 3 局　花心逞威

如图 1-3 所示, 红方炮、双兵借帅力破黑士, 引将成杀。

1. 炮八进五, 象 5 退 3。

2. 兵四平五, 将 5 平 6。

3. 兵二平三。

红胜。

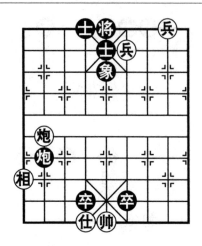

图 1-3

第 4 局　子弱势强

如图 1-4 所示,红方马、兵借帅力双照成杀。

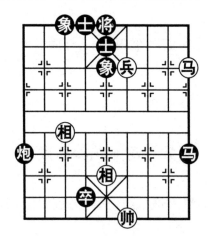

图 1-4

1. 马一进三,将 5 平 6。

2. 兵四进一,将 6 平 5。

3. 兵四进一。

红胜。

第 5 局　舍身忘死

如图 1-5 所示,红方马挂角叫将后弃车成杀。

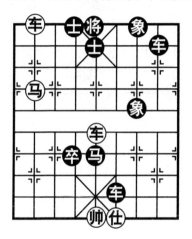

图 1-5

1. 马八进六⋯⋯

此为取胜的关键之着。红如随手走马八进七,黑则将 5 平 6,红不成杀,又不能摆脱黑方的杀势,反胜为败。

1. ⋯⋯将 5 平 6。

2. 车八平六,士 5 退 4。

3. 车五进五。

红胜。

第 6 局　前程似锦

如图 1-6 所示,红方子力处于绝对劣势,但炮和三兵密切配合,闷杀黑将,杀法相当精彩。

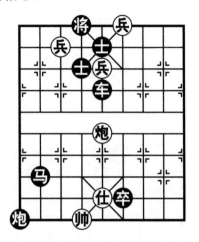

图 1-6

1. 兵七进一,将 4 进 1。

2. 兵五进一,车 5 退 2。

3. 炮五平六。

红胜。

第 7 局　老兵建功

如图 1-7 所示,红方马、兵借帅力可巧妙获胜。

1. 兵三进一,将 6 退 1。

2. 兵三进一,将 6 平 5。

黑如改走将 6 进 1,红则马一退三,红胜。

3. 马一进三。

红胜。

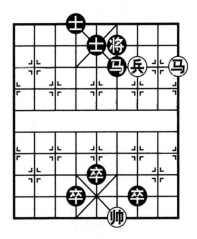

图 1-7

第 8 局 星空追月

如图 1-8 所示,红方炮、双兵借帅力可闷杀黑将。

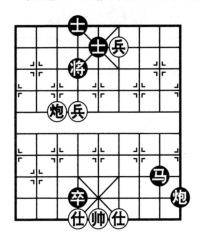

图 1-8

1. 兵六进一,将 4 退 1。

2. 炮七平六,士 5 进 4。

3. 兵四平五,士 4 进 5。

4. 兵六平七。

红胜。

第 9 局　走投无路

如图 1-9 所示,红方献车欺将,造成巧杀。

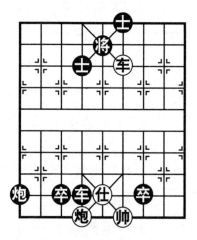

图 1-9

1. 车四平五,将 5 平 4。

黑如改走将 5 进 1,红则炮六平五,红胜。

2. 车五平六,将 4 平 5。

3. 炮六平五。

红胜。

第 10 局　惊天动地

如图 1-10 所示,红方弃车后,炮、兵妙杀。

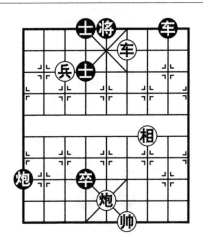

图 1 - 10

1. 车四平五······

这是取胜的唯一正确着法。红如随手走兵七平六吃士,虽造成绝杀之势,但黑方有车 8 进 9 叫将后再炮 1 进 1 叫将,可以连杀,黑方反败为胜。

1. ······将 5 进 1。

2. 相三退五,将 5 平 4。

3. 兵七进一。

红胜。

第 11 局　青史留名

如图 1 - 11 所示,红方借炮威,弃兵后"对面笑"成杀。

1. 炮二平六,士 4 退 5。

2. 兵七平六,士 5 进 4。

3. 兵六进一,将 4 进 1。

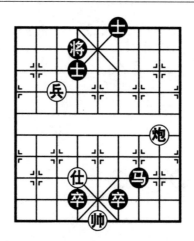

图 1-11

4. 炮六退三。

红胜。

第 12 局　一锤定音

如图 1-12 所示,红方弃车后,小兵闷杀。

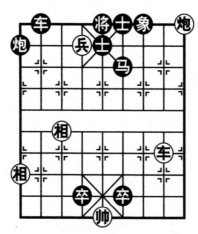

图 1-12

1. 兵六平五,将5平4。

2. 车二平六,炮1平4。

3. 车六进五,马6退4。

4. 兵五进一。

红胜。

第13局　白马投胎

如图1-13所示,红方弃马、兵,"闪门将"成杀。

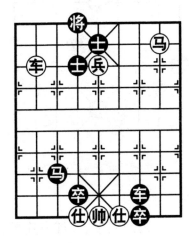

图1-13

1. 车八进二,将4进1。

2. 马二进四……

弃马是取胜的关键之着。红如改走兵五进一或兵五平六,既不成杀,又无法解杀,则导致败局。

2. ……士5退6。

3. 兵五平六,将4进1。

4. 车八平六。

红胜。

第 14 局　二郎担山

如图 1-14 所示,红方炮、兵巧妙配合,生擒老将。

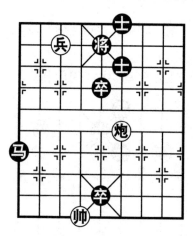

图 1-14

1. 兵七平六,将 5 退 1。

黑如改走将 5 进 1,红则炮四平五,红方速胜。

2. 炮四平五,士 6 进 5。

黑如改走士 6 退 5,红则兵六进一杀。

3. 兵六进一,将 5 平 6。

4. 炮五平四。

红胜。

第 15 局　马堵炮眼

如图 1-15 所示,红方弃兵后,马、炮联手闷杀。

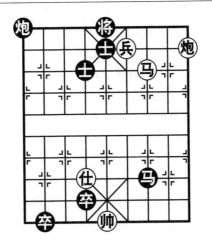

图 1-15

1. 兵四进一,炮 1 平 6。

黑如改走将 5 平 4,红则炮一进一;将 4 进 1,马三退五,红胜。

2. 炮一进一,炮 6 进 2。

3. 马三进二,炮 6 退 2。

4. 马二退四。

红胜。

第 16 局　三勇闯关

如图 1-16 所示,红方弃车后,马后炮成杀。

1. 马八进七……

此乃取胜的唯一正确着法。红如随手走马八进六,黑则将 5 平 4,红不成杀,败局已定。

1. ……将 5 平 4。

2. 炮八进九,将 4 进 1。

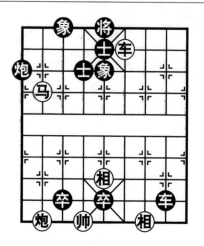

图 1－16

3. 车四平五,将 4 平 5。

4. 炮八退一。

红胜。

第 17 局　速战速决

如图 1－17 所示,本局有多种杀法,弃车或者弃兵,都可形成"闪门将"杀势。

1. 兵五进一,将 5 平 6。

黑如改走将 5 平 4,红则兵五进一;将 4 退 1,炮二进五;士 5 退 6,车五退一杀。

2. 车五平四,士 5 退 6。

3. 兵五平四,将 6 退 1。

4. 炮二平四。

红胜。

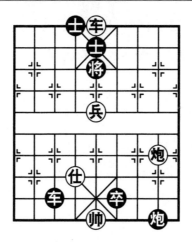

图 1-17

本局还有其他杀法,这里不一一列举了。

第18局　震耳欲聋

如图 1-18 所示,红方马、双炮密切合作,借老帅之力闷杀。

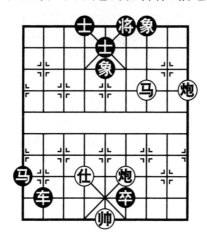

图 1-18

1. 炮一进三……

此乃取胜的关键之着。红如随手走马三进二,黑则将 6 平 5,红不成杀,又不能摆脱黑方的杀势,败局已定。

1. …… 象 7 进 9。

2. 马三进二,将 6 平 5。

黑如将 6 进 1,红则炮一退一杀。

3. 炮四进七,象 5 退 7。

4. 炮四退一。

红胜。

第 19 局　桃园结义

如图 1-19 所示,黑方车、马、炮有连杀,红方必先成杀才能取胜,且看红方的精彩杀法。

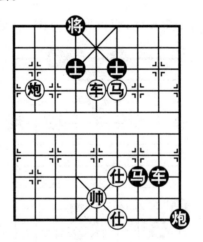

图 1-19

1. 车五进三,将 4 进 1。

2. 车五平六……

妙手回春! 弃车后为红马、炮的攻杀腾出空间,形成马后炮的杀着。

2. ⋯⋯将 4 退 1。

3. 炮八平六,士 4 退 5。

4. 马四进六。

马后炮杀,红胜。

第 20 局 致命一击

如图 1 - 20 所示,红方弃兵后,可形成马、炮双照成杀。

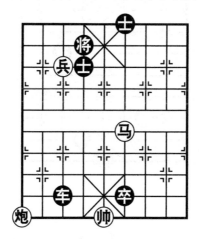

图 1 - 20

1. 炮九平六,士 4 退 5。

黑如改走车 3 平 4,红则兵七平六;将 4 退 1,兵六进一杀。

2. 兵七平六⋯⋯

弃兵系精彩之着,为马、炮成杀创造条件。

2. ⋯⋯将 4 进 1。

3. 马四进六,车 3 平 4。

4. 马六进四(或马六进八)。

红胜。

第 21 局　大智若愚

如图 1 - 21 所示,红方献马叫将,逼黑将移位,车、马、兵联手成杀。

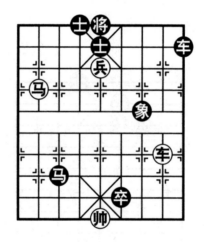

图 1 - 21

1. 马八进六……

红方献马叫将,正着。红如改走车二进六,黑则士 5 退 6;马八进六,车 9 平 4。再如改走马八进七,将 5 平 6;车二平四,车 9 平 6,红方均显败势。

1. ……将 5 平 6。

黑如士 5 进 4,红则车二进六杀。

2. 车二进六,将 6 进 1。

3. 兵五进一(或兵五平四),将 6 进 1。

4. 车二退二。

红胜。

第 22 局　炮声隆隆

如图 1-22 所示，黑方已形成弃卒成杀之势，但红方有弃炮引将，车、炮、兵连杀的妙着。

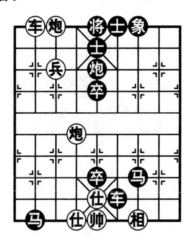

图 1-22

1. 炮六进五，将 5 平 4。

2. 炮七平四，将 4 进 1。

3. 兵七进一，将 4 进 1。

4. 炮四退二，士 5 进 6。

5. 车八平六。

红胜。

第 23 局　同心同德

如图 1-23 所示,红方弃兵入局,着法精彩。

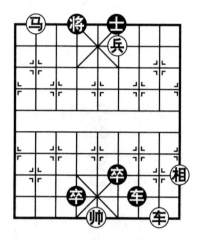

图 1-23

1. 马八退七,将 4 进 1。

2. 兵四平五,士 6 进 5。

黑如改走将 4 进 1,红则车二进七杀。

3. 马七退五,将 4 退 1。

4. 车二进九,士 5 退 6。

5. 车二平四。

红胜。

红方弃兵引士限将,为车、马成杀创造条件,使人有耳目一新之感。

第 24 局　精兵强将

如图 1-24 所示,红方采用连照战术,抽得黑炮,阻隔黑车,形成马后炮杀。

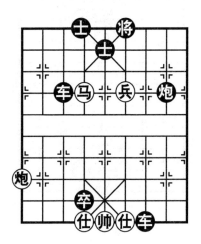

图 1-24

1. 炮九平四,将 6 平 5。

黑如改走士 5 进 6,红则兵四进一;炮 8 平 6,兵四进一,红方速胜。

2. 马六进四,将 5 平 6。

3. 马四退二,将 6 平 5。

4. 马二进四,将 5 平 6。

5. 兵四平五。

红胜。

第 25 局　弹无虚发

如图 1-25 所示,红方三子联手,马控黑将,双炮借帅力照将成杀。

1. 马一进三,将 6 退 1。

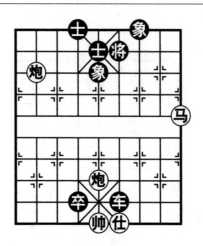

图 1-25

2. 炮八进二……

正着。红如改走马三进二,黑则将 6 进 1(将 6 平 5,炮八进二杀);炮八进一,士 5 进 4,红不成杀,难以成和。

2. ……象 5 退 3。

3. 马三进二,将 6 进 1。

4. 炮八退一,士 5 进 4。

5. 炮五进六。

红胜。

第 26 局　视死如归

如图 1-26 所示,红方利用子力占位较佳的有利条件,弃双车成杀。

1. 车五进一,士 6 进 5。

黑如改走士 4 进 5,红则马五进四;马 8 退 6(将 5 平 4,车五平六;

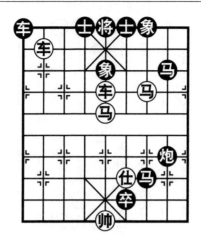

图 1－26

士 5 进 4,车八平六杀),车五进一;士 6 进 5,车八平五;将 5 平 4(将 5 平 6,车五平四),车五平六(或车五进一),红胜。

黑如改走象 7 进 5,红则马五进六杀。

2. 马五进六,将 5 平 6。

3. 车五平四,士 5 进 6。

4. 车八平四,马 8 退 6。

5. 马三进二。

红胜。

第 27 局　车占花心

如图 1－27 所示,红方利用马、车叫将,抽得黑炮后成杀。

1. 马九进八,将 4 进 1。

黑如改走将 4 平 5,红则车七进三;车 4 退 6,车七平六,红方速胜。

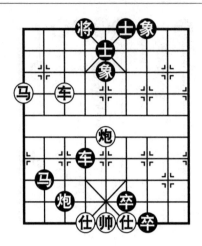

图 1-27

2. 车七进二,将 4 进 1。

3. 车七退七……

正着。红如误走车七平五,黑则炮 3 退 7,红不成杀,黑方胜定。

3. ……将 4 退 1。

4. 车七进七,将 4 进 1。

5. 车七平五。

红胜。

第 28 局　临危不惧

如图 1-28 所示,红方弃掉一车,利用车、马冷着成杀。

1. 车四进一……

此着是取胜的唯一正确着法,其他着法都不免一败。

1. ……将 5 平 6。

2. 车六进一,将 6 进 1。

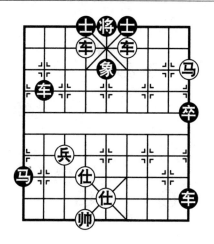

图 1-28

3. 马一进二,将 6 平 5。

黑如将 6 进 1,红则车六平四杀。

4. 马二退三,将 5 平 6。

5. 车六平四。

红胜。

第 29 局 二龙戏珠

如图 1-29 所示,红方弃车,运用二马照将取胜。

1. 马一进三,将 6 进 1。

黑如改走将 6 退 1,红则车七进二;士 5 退 4,车七平六,红方速胜。

2. 车七平六,士 5 进 4。

3. 马八退六,士 4 退 5。

4. 马三进二,将 6 平 5。

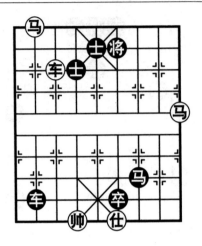

图 1 - 29

黑如改走将 6 退 1,红则马六退五杀。

5. 马六退七。

红胜。

第 30 局　盛气凌人

如图 1 - 30 所示,红方利用车、马、炮占位极佳的有利条件,弃马献车,创造杀势。

1. 马二进三,车 6 退 2。

2. 车八平四,车 6 平 7。

3. 车四进五,车 7 进 1。

红方先弃马再献车,伏炮轰中象闷杀,构思相当巧妙。

4. 帅五平四,马 4 进 3。

黑如改走车 7 平 6 解杀,红则车四退一;炮 5 平 9,车四进一捉双,黑亦败定。

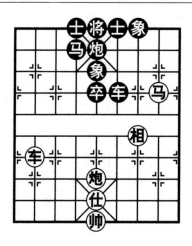

图 1－30

5. 车四进一。

红胜。

第 31 局　风扫残云

如图 1－31 所示,红方弃车取胜。

1. 马二进四,将 5 平 6。

黑如改走士 5 进 6,红则车八平五;士 6 退 5,车五进一;将 5 平 4,
车四平六,红胜。

2. 马四进二,将 6 平 5。

3. 车四进三……

弃车是成杀的精彩之着。

3. ……士 5 退 6。

4. 马二退四,将 5 平 4。

黑如将 5 进 1,红则车八进一杀。

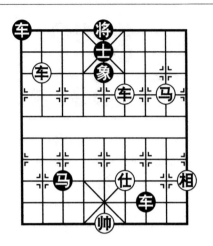

图 1 - 31

5. 车八平六。

红胜。

第32局　虎口夺食

如图 1 - 32 所示,红方进炮叫将后,红车抽掉黑车,连照取胜。

1. 炮一进四,马 8 进 6。

黑如改走士 5 进 6,红则兵三平四;将 5 平 6,车六平四,红方速胜。

2. 车六退七,士 5 退 4。

3. 车六平五,将 5 平 4。

4. 兵三平四,象 7 进 9。

黑如象 7 进 5,红则车五平六;黑如将 4 退 1,红则兵八平七,红均胜。

5. 车五平六。

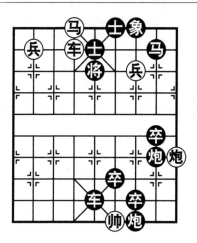

图 1－32

红胜。

第 33 局 深入虎穴

如图 1－33 所示,红方弃兵、车,马后炮成杀。

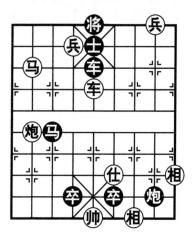

图 1－33

1. 兵六平五,将 5 进 1。

黑如改走将 5 平 4 或将 5 平 6,或车 5 退 1,红均可速胜。

2. 车五进一,将 5 平 6。

3. 车五平四……

红方弃车系入局的精妙之着,为马后炮成杀创造了条件。

3. ……将 6 进 1。

4. 马八进六,将 6 退 1。

5. 炮八进四。

红胜。

第 34 局 老兵擒王

如图 1-34 所示,红方马显神威,逼黑将移位,老兵照将成杀。

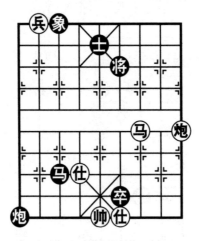

图 1-34

1. 马三进五,将 6 退 1。

黑如改走将 6 平 5,红则炮一平五,红方速胜。

2. 马五进三,将 6 退 1。

黑如将 6 进 1,红则马三进二;将 6 退 1,炮一进四,红胜。

3. 马三进二,将 6 平 5。

4. 马二退四,将 5 平 4。

黑如将 5 平 6,红则炮一平四杀。

5. 兵八平七。

红胜。

第 35 局 水到渠成

如图 1 - 35 所示,红方马、车照将,逼黑将退回原位后,炮平中叫将取胜。

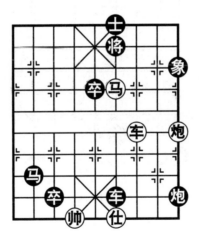

图 1 - 35

1. 马四进二,将 6 平 5。

黑如改走将 6 进 1,红则车三进三;将 6 退 1,车三平五,红方速胜。

2. 车三进四,将 5 退 1。

黑如改走将5进1,红则炮一平五;将5平6,车三平四,红胜。

3. 炮一平五,士6进5。

4. 车三平五,将5平6。

5. 车五进一。

红胜。

第36局　二郎擒王

如图1-36所示,红方车、炮连照,弃车后,炮闷杀黑将。

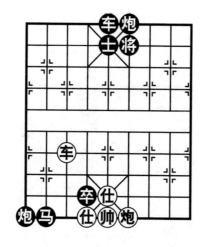

图 1-36

1. 车七平四……

正着。红如随手走仕五进四,黑则士5进6;仕四退五,将6平5,无杀对有杀,红方败定。

1. ……士5进6。

2. 车四平五,士6退5。

3. 仕五进四,士5进6。

4. 车五进五,车 5 进 1。

5. 仕四退五。

红胜。

此例中红方第 4 着弃车花心,造成黑方自阻将路,遂成炮闷杀,异常精彩。

第 37 局　三勇争先

如图 1－37 所示,红方右车连照后,方可取胜。

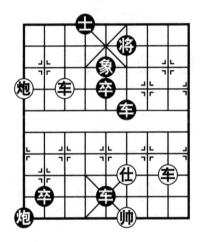

图 1－37

1. 车二进六……

正着。红如误走车七进二,黑则士 4 进 5,形成无杀对有杀局面,红方败定。

1. ……将 6 进 1。

黑如改走将 6 退 1,红则炮九进三;象 5 退 3,车二进一;将 6 进 1,车七进二;士 4 进 5,车二平四,红胜。

2. 炮九进一,象5进3。

3. 车七进一,象3退5。

4. 车七进一,象5进3。

5. 车二退一。

红胜。

第38局　智取阴山

如图1-38所示,红车通过叫将吃掉黑马后,方能取胜。

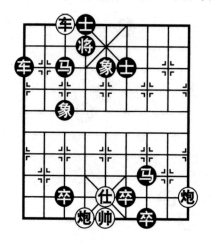

图 1-38

1. 车七退一,将4进1。

2. 车七退一……

红如随手走仕五进六,黑则马3进4;炮一平七,卒7平6;炮六平
四,卒6进1;帅五平六,车1进7;帅六进一,马4进5杀,黑胜。

2. ……将4退1。

黑如改走车1平3,红则仕五进六;卒3平4,炮一平六杀。

3. 车七进一,将 4 进 1。

4. 仕五进六,卒 3 平 4。

5. 炮一平六。

红胜。

第 39 局 揭开迷雾

如图 1-39 所示,红方弃车、兵后,进炮闷杀。

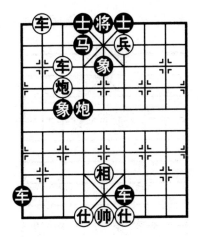

图 1-39

1. 车七平五……

此乃取胜的唯一正确着法。红如误走车八平六,黑则炮 4 退 4;车七平五,象 3 退 5;炮七进三,炮 4 进 9,红方败定。

1. ……象 3 退 5。

黑如改走士 6 进 5,红则炮七进三杀。

2. 炮七进三,士 4 进 5。

3. 炮七退一,士 5 退 4。

4. 兵四平五,士 6 进 5。

5. 炮七进一。

红胜。

红兵占花心献吃,使黑方将路被堵塞,红方乘机沉炮闷杀,甚有情趣。

第 40 局　奇兵飞渡

如图 1-40 所示,红方车、马连照,借帅力成杀。

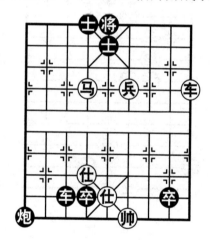

图 1-40

1. 车一进三……

红如改走兵四进一(暗伏车一进三,士 5 退 6;车一平四,将 5 平 6;兵四进一,将 6 平 5;兵四进一,弃车的杀着),黑则卒 4 进 1;帅四进一,卒 8 平 7;帅四进一,炮 1 退 2,黑先成杀,反败为胜。

1. ……士 5 退 6。

2. 马六进四,将 5 进 1。

3. 车一退一,将 5 进 1。

4. 兵四平五,将 5 平 4。

5. 车一平六。

红胜。

第 41 局　一针见血

如图 1－41 所示,红方进车杀士,弃一车后,以车、马取胜。

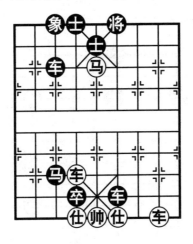

图 1－41

1. 车六进七……

此乃取胜的关键之着。红如误走车二进九,黑则将 6 进 1;车二退一,将 6 进 1;车二退一,将 6 退 1;马五退三,车 3 平 7,红不成杀,黑胜。

1. ……将 6 进 1。

2. 车二进八,将 6 进 1。

3. 车六平四……

弃车引士是另一关键之着，为进马成杀创造条件。

3. ⋯⋯士 5 退 6。

4. 车二退一，将 6 退 1。

5. 马五进六。

红胜。

第 42 局　当机立断

如图 1–42 所示，红方献车，重炮成杀。

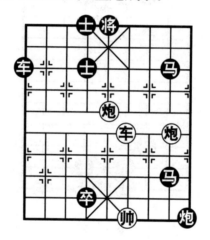

图 1–42

1. 车四进五，将 5 进 1。

2. 车四平五⋯⋯

献车是获胜的精彩之着。

2. ⋯⋯将 5 平 4。

黑如改走将 5 退 1，红则炮二平五重炮杀。

3. 炮二平六，士 4 退 5。

4. 炮五平六。

重炮杀,红胜。

此外,红方还有另一种杀法:

1. 车四进五,将 5 进 1。

2. 炮二平五,将 5 平 4。

3. 后炮平六,将 4 平 5。

4. 车四平五,将 5 退 1。

5. 后炮平五。

重炮杀,红胜。

第 43 局　骏马献身

如图 1 - 43 所示,黑方已成绝杀之势,红方无法防守。但红方有弃马的妙招,借助帅力,以车、兵密切配合,一举攻下黑方城池。

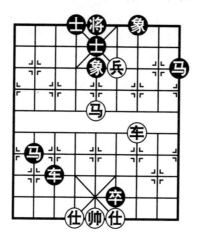

图 1 - 43

1. 马五进六……

正着。红如误走车三进五,黑则士 5 退 6(如象 5 退 7,红则马五进六;将 5 平 6,兵四进一,红胜);马五进六,将 5 进 1;兵四平五,将 5 平 4,红不成杀,黑方胜定。

1. ……士 5 进 4。

黑如改走将 5 平 6,红则车三进五;象 5 退 7,兵四进一,红方速胜。

2. 车三进五,将 5 进 1。

3. 兵四平五,将 5 平 4。

4. 兵五平六,将 4 进 1。

5. 车三平六。

红胜。

第 44 局   小兵争功

如图 1-44 所示,红方低兵杀士引将,弃高兵,以马、炮成杀。

1. 兵四平五,将 5 平 4。

黑如改走将 5 进 1,红则炮二进四,红方速胜。

2. 兵五进一……

正着。红如改走炮二平六,黑则炮 1 平 4;兵六进一,卒 4 进 1;仕五退六,卒 3 平 4,黑先成杀。

2. ……将 4 进 1。

3. 炮二进四,士 6 进 5。

4. 兵六进一……

此乃本局的精华,使人有赏心悦目之感。

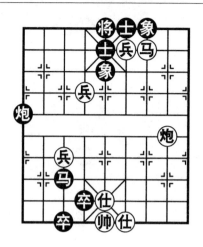

图 1 - 44

4. ······将 4 进 1。

5. 马三退四。

红胜。

第 45 局 穷追猛打

如图 1 - 45 所示,红方马、炮叫将,引黑将高悬,以挂角马成杀。

红方双炮、马占位极佳,密切配合,演绎精彩杀局。

1. 马四进五,象 3 进 5。

2. 马五进七,将 5 平 6。

黑如改走将 5 平 4,红则炮五平六杀。

3. 马七进六,将 6 进 1。

黑将被逼高悬,与红马处于九宫的对角线上,动弹不得,只好束手就擒。

4. 炮六进三,象 5 退 3。

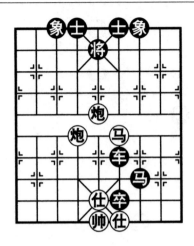

图 1－45

5. 炮五进二。

红胜。

第 46 局 小兵显威

如图 1－46 所示,红方弃双兵,以"钓鱼马"成杀。

1. 兵三平四⋯⋯

正着。红如误走兵四进一要杀,黑则炮 5 平 4;车九平六,车 5 进 1;帅六进一,卒 2 平 3 或卒 4 进 1 杀,黑方反败为胜。

1. ⋯⋯将 5 平 6。

2. 兵四进一,将 6 平 5。

3. 兵四平五⋯⋯

弃兵是入局的精彩之着,为车、马成杀创造了条件。

3. ⋯⋯士 4 进 5。

黑如走将 5 平 6,红则车九平四杀。

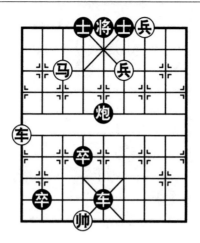

图 1 - 46

4. 车九进五，士 5 退 4。

5. 车九平六。

红胜。

第 47 局　灵光闪现

如图 1 - 47 所示，双方子力悬殊，乍看起来似乎红方败定，但红方却有起死回生的妙招。

1. 兵二平三，将 6 退 1。

2. 兵六进一……

此招可谓精妙绝伦，伏兵三进一，再马五进三的杀着。

2. ……车 5 平 7。

黑如改走士 5 退 4 去兵，红则马五进六形成"八角马"的杀势。

3. 相一进三，士 5 退 4。

4. 马五进六，卒 4 进 1。

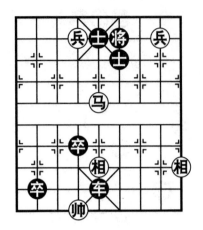

图 1-47

5. 兵三平四(或兵三进一)。

红胜。

第 48 局　一马当先

如图 1-48 所示,红马控将,弃一车后成杀。

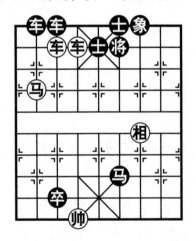

图 1-48

1. 马八进六,将 6 进 1。

2. 马六退五,将 6 平 5。

此时红方有两种入局方法:

①马五进三,黑则将 5 平 6;车六退一,士 5 进 4;车七平四。

②车六退一,黑则士 5 进 4;马五进三,将 5 平 6;车七平四。

黑如不走将 6 平 5,而改走将 6 退 1,则与第①种入局方法雷同。车、马的此种杀法,是实战中经常出现的,值得借鉴。

第 49 局　左右开弓

如图 1－49 所示,黑方已成连杀之势,红方无法解杀,但红方却有妙法取胜。

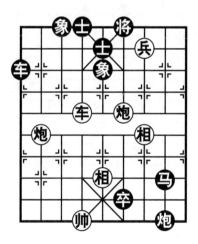

图 1－49

1. 兵三平四,将 6 平 5。

黑如改走将 6 进 1,红则炮八平四重炮杀。

2. 兵四平五,士 4 进 5。

黑如改走将 5 进 1,红则车六进三;将 5 退 1,车六进一;将 5 进 1,车六退一;将 5 退 1,炮八进五,红胜。

3. 炮八进五,士 5 退 4。

4. 车六进四,将 5 进 1。

5. 车六退一。

红胜。

第 50 局　临阵受命

如图 1-50 所示,红方利用黑方炮位差的有利局面,献车取胜。

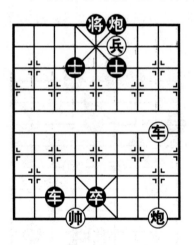

图 1-50

1. 车二平五,将 5 平 4。

黑如改走士 4 退 5 或士 6 退 5,红均炮二进九杀。

2. 车五进五,将 4 进 1。

红方献车精彩,迅速取胜。黑如改走将 4 平 5,红则炮二进九杀。

3. 炮二进八,士 6 退 5。

4. 兵四平五。

红胜。

红方第 2 着车五进五如改走炮二进九,也可成杀:

2. 炮二进九,将 4 进 1。

3. 炮二退一,士 6 退 5。

黑如将 4 退 1,红则车五进五弃车杀。

4. 车五进四,将 4 退 1。

5. 炮二进一。

红胜。

第 51 局　轻车熟路

如图 1−51 所示,黑已成绝杀之势,红方能反败为胜吗?

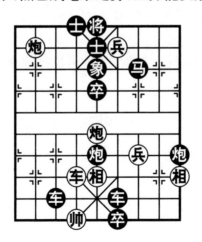

图 1−51

1. 炮八进一……

此乃取胜的关键之着。红如误走炮五进三去象,黑则士 5 进 4;

炮八进一,车 3 退 8,形成无杀对有杀之势,红方败定。

1. ……车 3 退 8

黑如改走象 5 退 3,红则车六进七,红方速胜。

2. 兵四平五……

弃兵是入局的精妙之着!

2. ……将 5 进 1。

黑如改走马 7 退 5,红则车六进七杀。

3. 车六进六,将 5 退 1。

4. 车六进一,将 5 进 1。

5. 车六退一。

红胜。

第 52 局　别具匠心

如图 1-52 所示,红方进炮叫将,再出帅解杀还杀取胜。

1. 炮二进五……

正着。红如改走炮二平五,黑则将 5 平 4;兵四进一,象 5 退 7,红不成杀,且无法摆脱黑方的杀势,败定。

1. ……士 6 进 5。

2. 帅五平四……

出帅解杀还杀,精彩有力!

2. ……士 5 进 6。

黑如改走将 5 平 4,红则兵四进一;象 5 退 7,兵四平五杀。

3. 兵七平六,卒 4 平 5。

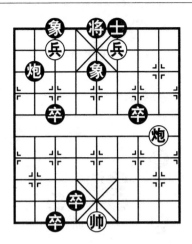

图 1－52

4. 兵六平五……

兵坐花心,构成巧杀。

4. ……士 6 退 5。

5. 兵四进一。

红胜。

第 53 局　神机妙算

如图 1－53 所示,红方进马叫将限车,弃兵后,车、炮成杀。

1. 马八进七,车 4 退 6。

2. 兵四进一,士 5 退 6。

3. 炮一进五……

正着。红如误走车四进五,黑则将 5 进 1;车四退一,将 5 退 1;车四平六,卒 4 进 1;相五退七,卒 4 平 5,黑胜。

3. ……象 5 退 7。

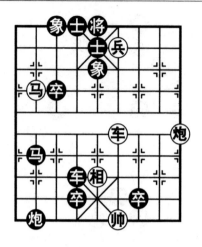

图 1 - 53

黑如改走士 6 进 5,红则车四进五杀。

4. 车四进五,将 5 进 1。

5. 车四平五。

红胜。

本局如果红方先兵四进一,再马八进七,杀法与主着法类似。

第 54 局　直捣黄龙

如图 1 - 54 所示,红方有弃马入局的妙招!

1. 马一进二……

进马叫将,正着。红如误走兵四进一要杀,黑则马 1 进 3;仕五退六,马 3 退 4;仕六进五,卒 7 平 6(或卒 7 进 1),黑先成杀。

1. ……士 5 退 6。

2. 马二退三,士 6 进 5。

黑如改走将 5 进 1,红则兵四平五;将 5 平 4,马三进四,红胜。

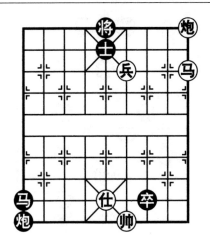

图 1-54

3. 马三进四……

弃马是入局的精妙之着,为小兵建功创造条件。

3. ……将 5 平 6。

4. 兵四进一,将 6 平 5。

5. 兵四进一。

小兵直捣黄龙,红胜。

第 55 局　触目惊心

如图 1-55 所示,红方出帅要杀,黑方补士后,红方有马退六路的妙招!

1. 帅五平四……

出帅胁士,正着。红如改走马八退六要杀,黑则前车进 1;相五退三,车 7 进 3;仕五退四,马 2 进 3;帅五进一,车 7 退 1;车四退三,马 3 退 4;帅五退一(帅五进一,车 7 退 1;车四进一,车 7 平 6 杀),车 7 平

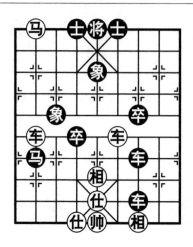

图 1－55

6;马六退四,车 6 退 6,黑胜定。

1.……士 6 进 5。

黑如改走士 4 进 5,红则马八退六,黑亦败定。

2. 马八退六……

精巧之着,暗伏车四进五献车妙杀。

2.……象 5 退 7。

3. 车八进四,马 2 进 3。

4. 车四进五,士 5 退 6。

5. 马六退四。

红胜。

第 56 局　柳暗花明

如图 1－56 所示,红方进车叫将,平炮要杀,三子归边取胜。

1. 车二进一……

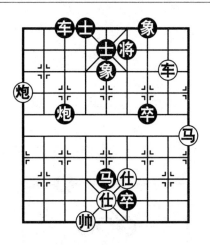

图 1 - 56

正着。红如改走车二平五吃象,黑则炮3平5,黑有"侧面虎"杀法,红败定。

1. ……将6退1。

黑如将6进1,红则马一进二杀。

2. 炮九平一……

平炮要杀,紧着。

2. ……将6平5。

3. 马一进二……

继续要杀,红方已成三子归边之势。

3. ……炮3退3。

黑如改走炮3退2,红则炮一进三;士5退6,马二进三;将5进1,马三退四;将5退1,马四进六杀。

4. 马二进四,士5进6。

黑如改走将5平6,红则炮一平四成马后炮杀,或炮一进三杀。

5. 炮一进三。

红胜。

第 57 局　跃马扬鞭

如图 1-57 所示,红方马、兵、炮连照逐将,三子联手取胜。

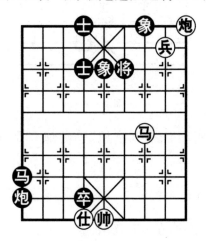

图 1-57

1. 马三进二……

红方也可改走马三进五叫将,杀法与主着法相同。

1. ……将 6 退 1。

2. 兵二平三,将 6 平 5。

3. 炮一退一,将 5 退 1。

4. 马二进四,将 5 平 6。

5. 炮一进一,象 7 进 9。

6. 马四进三。

红胜。

第 58 局　老当益壮

如图 1－58 所示,红方小兵连照,逼黑将归位后,马、炮联手成杀。

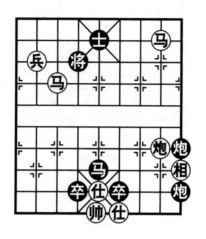

图 1－58

1. 兵八平七,将 4 退 1。

2. 兵七进一,将 4 退 1。

黑如改走将 4 进 1,红则马七退五;将 4 平 5,炮二平五(或马二退三),红胜。

3. 兵七进一,将 4 平 5。

4. 炮二平五,士 5 进 4。

5. 马七进五,士 4 退 5。

6. 马五进七。

红胜。

第 59 局　虎胆英雄

如图 1－59 所示,红方弃一车后,车、炮、兵成杀。

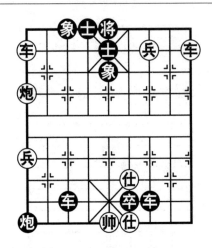

图 1－59

1. 车一进一，士 5 退 6。

黑如象 5 退 7，红则车一平三杀。

2. 车一平四，将 5 平 6。

3. 兵三平四，将 6 平 5。

4. 炮九平五，士 4 进 5。

黑如改走象 5 进 7，红则车九平五杀。

5. 兵四平五，将 5 平 6。

6. 兵五进一。

红胜。

第 60 局　身手不凡

如图 1－60 所示，红方弃兵引将，马、炮、兵成杀。

1. 兵六进一，将 5 平 4。

2. 炮八平六，将 4 平 5。

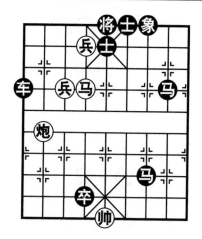

图 1 - 60

黑如改走士 5 进 4,红则马六进四;士 4 退 5,兵七平六;士 5 进 4,
兵六进一;车 1 平 4,兵六进一,红胜。

3. 马六进七,将 5 平 4。

4. 兵七平六,士 5 进 4。

5. 兵六进一,车 1 平 4。

6. 兵六进一。

红胜。

第 61 局 双龙闹海

如图 1 - 61 所示,红方双马轮番攻击黑将,着法明快,耐人寻味。

1. 马一进二,将 6 平 5。

黑如改走将 6 进 1,红则马四进二,红方速胜。

2. 马二退四,将 5 平 6。

3. 前马进二,将 6 平 5。

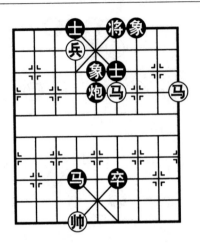

图 1－61

4. 马四进三,将 5 平 6。

5. 马三退五,将 6 进 1。

黑如改走将 6 平 5,红则马二退四杀。

6. 马五退三。

红胜。

第 62 局　送佛归殿

如图 1－62 所示,红方连弃兵、车,以小兵追杀取胜。

1. 兵七平六,将 4 进 1。

黑如改走将 4 平 5,红则车七进二杀。

2. 车七平六,将 4 进 1。

3. 兵六进一,将 4 退 1。

4. 兵六进一,将 4 退 1。

5. 兵六进一,将 4 平 5。

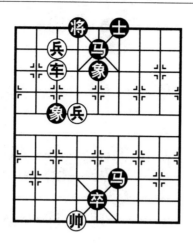

图 1-62

6. 兵六进一。

红胜。

红方连弃兵、车,把黑将引上宫顶,为红兵闷杀创造条件,构思相当巧妙。

第63局 冷面杀手

如图 1-63 所示,黑将偏出,红方可用车、马冷着取胜。

1. 马六进八,士 5 进 6。

黑如改走卒 4 平 5,红则帅五进一;车 7 进 1,帅五退一;车 7 平 3,马八进七;车 7 退 5,车八平七,红方车、双兵必胜黑方炮、双卒、士象全。

2. 车八进二,将 4 退 1。

3. 车八进一,将 4 进 1。

4. 车八平五,士 6 退 5。

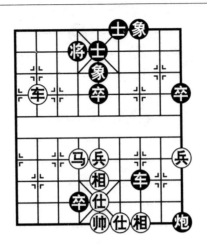

图 1－63

5. 马八进七,将 4 进 1。

6. 车五平八。

绝杀,红胜。

第 64 局　名扬四海

如图 1－64 所示,红马连照,逼黑将退居中宫,以老兵破士获胜。

1. 马三进五,将 4 退 1。

2. 马五进七,将 4 退 1。

黑如改走将 4 进 1,红则马七进八;将 4 退 1,炮九进三,红方速胜。

3. 马七进八⋯⋯

此乃取胜的关键之着。红如误走炮九进四,黑则象 3 进 1;马七进八,将 4 平 5,形成无杀对有杀之势,红反胜为败。

3. ⋯⋯将 4 平 5。

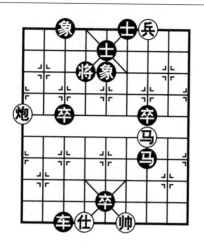

图 1 - 64

4. 炮九进四,士5退4。

5. 兵三平四,将5进1。

6. 炮九退一。

红胜。

第65局 丝丝入扣

如图1-65所示,红方平车照将,弃兵引将,车沉底线作杀。

1. 车三平六,将4平5。

黑如车2平4,红则炮九进一,红方速胜。

2. 兵四进一……

此乃取胜的唯一正确着法。红如随手走兵四平五,黑则车2平5,红方败定。

2. ……将5平6。

黑如士5退6,红则车六进五,红方速胜。

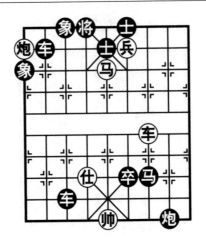

图 1 - 65

3. 车六进五,将 6 进 1。

4. 马五退三,将 6 进 1。

5. 马三进二,将 6 退 1。

6. 车六平四。

红胜。

第 66 局 风起云涌

如图 1 - 66 所示,红方弃双兵,以车、炮成杀。

1. 兵四进一,将 5 平 4。

黑如改走将 5 进 1,红则车三进二;将 5 进 1,炮三平五或兵六平五,红方速胜。

2. 兵四平五,将 4 平 5。

黑如改走将 4 进 1,红则车三进二;士 4 退 5,炮三平六,红胜。

3. 车三进三,将 5 进 1。

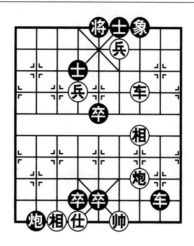

图 1-66

4. 炮三平五,将 5 平 4。

5. 兵六进一,将 4 进 1。

6. 车三平六。

红胜。

第 67 局 小鬼当家

如图 1-67 所示,黑已成绝杀之势,红方只有搏杀才是唯一的选择。红方前 3 着易走,但能顺利入局吗?

1. 马二进三,将 5 平 6。

2. 兵三平四,士 5 进 6。

3. 兵四进一,炮 1 平 6。

4. 兵四进一……

此乃取胜的关键之着。红如兵四平五吃象叫将,黑则炮 6 平 5,红不成杀,黑胜定。

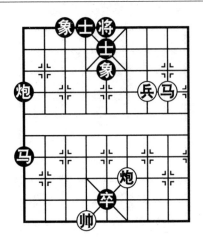

图 1－67

4. ……将 6 平 5。

5. 兵四进一,将 5 进 1。

6. 马三退四。

红胜。

第 68 局　顿挫有序

如图 1－68 所示,红方进车叫将破士,以连续献车妙胜。

1. 车二进八……

此乃取胜的正确着法。红如误走车二平四,黑则炮 2 进 2;相九退七(仕六进五,卒 3 进 1;仕五退六,卒 3 平 4 杀),车 4 进 1;帅五进一,炮 2 退 1,黑胜。

1. ……士 5 退 6。

2. 车二平四,将 5 进 1。

黑如将 5 平 6,红则车一进八杀。

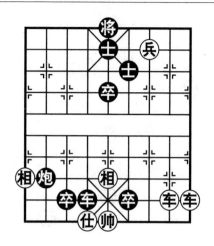

图 1－68

3. 车四退一,将 5 进 1。

4. 车四退一,将 5 退 1。

5. 车四进一,将 5 退 1。

6. 车一进八。

红胜。

第 69 局　千里神马

如图 1－69 所示,红方跳马连照,占据要位,以双兵配合取胜。

1. 马七进五,士 4 退 5。

黑如改走士 6 退 5,红则马五进六;士 5 进 4(马 7 进 5,兵四进一杀),兵四平五,红胜。

2. 马五进七,士 5 进 4。

3. 马七进五,士 4 退 5。

黑如改走士 6 退 5,红则兵四进一;马 7 退 6,马五进三杀。红也

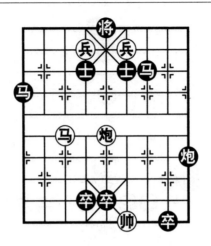

图 1-69

可兵四平五,士 4 退 5,马五进三杀。

4. 马五退四,士 5 进 4。

5. 兵四平五,将 5 平 6。

6. 马四进三。

红胜。

第 70 局 深宫擒王

如图 1-70 所示,红方双车、炮密切配合,深入九宫,擒获黑将,着法非常精彩。

1. 车八进五,将 5 退 1。

黑如改走车 4 退 7,红则炮三平五杀。

2. 炮三进三,士 6 进 5。

3. 炮三退一……

此招限制黑将活动,是获胜的关键之着。

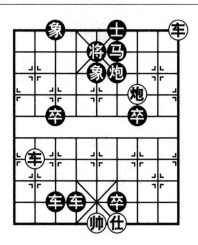

图 1 - 70

3. ……士 5 退 6。

4. 车八平五,将 5 平 4。

5. 车一平四,炮 6 退 2。

6. 炮三进一。

红胜。

第 71 局　天马行空

如图 1 - 71 所示,红方弃车,马、炮双照成杀。

1. 车七进四,士 5 退 4。

2. 马八退六,将 5 进 1。

3. 马六退四,将 5 退 1。

黑如改走将 5 平 4 或进 1,红则车七退 1 或退 2 成杀。黑如将 5 平 6,红则炮六平四;卒 5 平 6,马四进六或进二杀。

4. 车七平六……

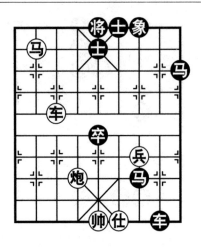

图 1-71

红弃车是入局的精彩之着。

4. ……将 5 平 4。

5. 马四进六,卒 5 平 4。

6. 马六进八(或进四)。

红胜。

第 72 局 出奇制胜

如图 1-72 所示,红车叫将,继而妙献,形成红炮闷杀。

1. 车三平五,将 5 平 4。

黑如改走士 6 进 5,红则兵四进一;将 5 平 4,炮三平六,红方速胜。

2. 车五进三……

红方献车,是制胜的精彩之着。

2. ……将 4 进 1。

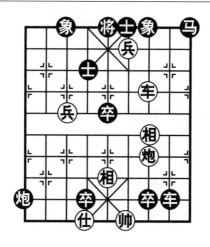

图 1-72

黑如改走将 4 平 5,红则炮三进六;士 6 进 5,兵四进一杀。

3. 炮三平六,士 4 退 5。

4. 兵七平六,士 5 进 4。

5. 兵四平五,士 6 进 5。

6. 兵六平五。

红胜。

第 73 局　为民请功

如图 1-73 所示,红方巧弃兵、车,以马后炮杀。

1. 兵四平五······

此乃取胜的关键之着。红如误走车八平六或马七进九,黑则炮 3 进 2;仕六进五,卒 6 平 5;帅五平六,卒 5 平 4;帅六平五,车 8 平 5;帅五平四,卒 4 进 1,黑反败为胜。

1. ······士 6 进 5。

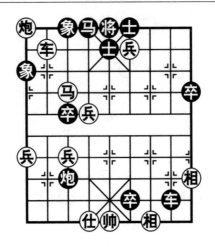

图 1 - 73

2. 车八平五,将 5 平 6。

3. 车五进一,将 6 进 1。

4. 车五平四,将 6 退 1。

5. 马七进六,将 6 进 1。

6. 炮九退一。

红胜。

第 74 局　严密布控

如图 1 - 74 所示,红方进兵叫将,逼黑将归位,炮控黑方车、马,红车平中绝杀。

1. 兵七进一,将 4 退 1。

2. 兵七进一,将 4 平 5。

黑如改走将 4 进 1,红则兵八平七;将 4 进 1,车七进三杀。

3. 炮一进九,车 8 退 4。

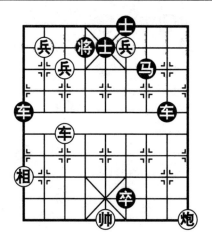

图 1-74

黑如改走马 7 退 8,红则兵四平五杀。

4. 兵四进一,马 7 退 6。

5. 车七平五,车 1 进 3。

6. 车五进四。

红胜。

红第 4 着兵四进一如改走兵四平五,黑则马 7 退 5;车七平六,车 1 平 5;帅五平六,马 5 退 3,黑反败为胜。

第 75 局　高奏凯歌

如图 1-75 所示,红方进兵逐将,弃车、兵,以马、炮妙杀。

1. 兵四进一……

红亦可改走兵四平五,以后的杀法雷同。

1. ……将 5 平 4。

黑如改走将 5 进 1,红则炮二进八或车七进八杀。

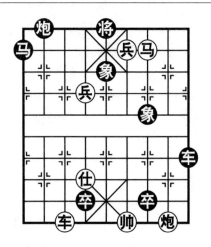

图 1-75

2. 车七进九,马1退3。

黑如改走象5退3,红则兵四平五;将4进1,炮二进八,红胜。

3. 兵四平五,将4进1。

4. 炮二进八,马3进5。

5. 兵六进一,将4进1。

6. 马三退四。

红胜。

红方第1着亦可先弃车成杀。

红方第5着亦可马三退四,马5进7,兵六进一杀。

第76局　宜将剩勇

如图1-76所示,红方兵、车叫将,引将高悬,以炮、马叫将成杀。

1. 兵四进一,士5进6。

黑如改走将6退1,红则炮八进四杀。

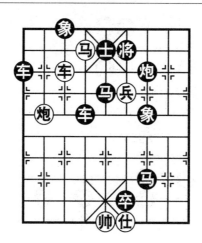

图 1-76

2. 车七平四,将 6 平 5。

黑如改走车 1 平 6,红则炮八进三,马后炮杀。

3. 车四进一,将 5 进 1。

黑如改走将 5 退 1,红则炮八进四杀。

4. 马六退七,车 4 退 1。

黑如改走将 5 平 4,红则车四平六;马 5 退 4,马七进八杀。

5. 炮八平五,将 5 平 4。

6. 马七进八。

红胜。

第 77 局 大刀剜心

如图 1-77 所示,红方弃车砍士,以车、炮、兵联手成杀。

1. 车一进九……

正着。红如误走炮九平五要杀,黑则卒 6 进 1;帅五平四,车 8 平

73

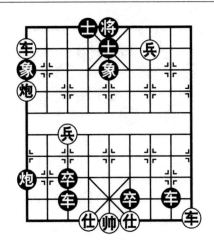

图 1-77

6；帅四平五，炮 1 进 2；仕六进五，车 6 平 5；帅五平六，车 3 进 1，黑胜。

黑亦可先炮 1 进 2 叫将，后用卒砍仕获胜。

1. ……士 5 退 6。

2. 车一平四，将 5 平 6。

3. 兵三平四，将 6 平 5。

4. 炮九平五，士 4 进 5。

黑如改走象 5 退 3，红则车九平五杀。

5. 兵四平五，将 5 平 6。

6. 兵五进一。

红胜。

第 78 局　争抢头功

如图 1-78 所示，乍看，红方已呈败势，但红方却有妙招取胜。

1. 兵五平六……

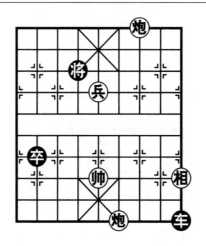

图 1 - 78

平兵叫将,亮出老帅,是取胜的关键之着。红如改走相一退三,黑则车 9 退 6,红显败象。

1. ……将 4 退 1。

2. 相一退三……

巧妙至极! 这是红方获胜的上乘佳作。

2. ……车 9 平 7。

3. 炮三退八……

红方妙着连珠,黑方败局已定。

3. ……车 7 退 1。

4. 炮四平六,车 7 平 4。

5. 兵六进一,将 4 退 1。

6. 兵六进一。

红胜。

第 79 局 殊途"异归"

如图 1－79 所示，红方平车叫将还是进车叫将，是胜败的关键。

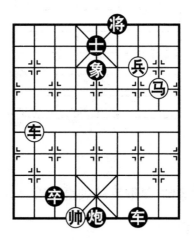

图 1－79

1. 车八平四……

此乃获胜的必走之着。红如误走车八进五，黑则象 5 退 3（士 5 退 4，车八平六；将 6 进 1，兵三平四；将 6 平 5，车六退一；将 5 退 1，马二进三；将 5 平 6，车六进一，红胜）；车八平七，士 5 退 4；车七平六，炮 5 退 9，黑解将还杀，反败为胜。

1. ……士 5 进 6。

黑如将 6 平 5，红则马二进三杀。

2. 车四进三，将 6 平 5。

3. 马二进三，将 5 进 1。

4. 车四平五，将 5 平 6。

5. 兵三平四，将 6 退 1。

6. 车五进二。

红胜。

第80局　骁勇善战

如图1-80所示,红方车、炮连照,炮占要位,弃车砍象成杀,着法精彩。

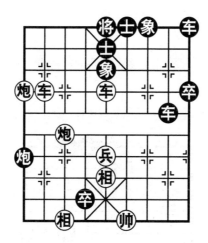

图1-80

1. 车八进三……

红如误走炮九进三要杀,黑则车8进5;帅四进一,炮1进2;车八退五,卒4平5;帅四进一,车8退2,黑先成杀。

1. ……士5退4。

2. 炮七进五,士4进5。

3. 炮七退二……

此乃取胜的关键之着,红方已胸有成竹。

3. ……士5退4。

4. 车五进一······

弃车砍象,着法精彩!

4. ······象 7 进 5。

5. 炮九平五,象 5 退 3。

黑如改走士 6 进 5,红则炮七进二杀。

6. 炮七平五。

重炮杀,红胜。

第 81 局　马踏中营

如图 1-81 所示,红方可形成双马饮泉的杀势,着法精彩!

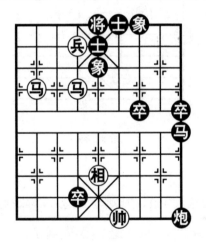

图 1-81

1. 马八进六······

此乃取胜的精彩之着。红如改走马八进七,黑则马 9 进 8;兵六平五,将 5 平 4;兵五进一,将 4 进 1;马六进八,将 4 平 5;马七退六,将 5 退 1,红无杀着,也无法摆脱黑方杀势,黑方胜定。

1. ……马9进8。

除此之外,别无其他好的应着。

2. 兵六进一……

弃兵引将,为双马饮泉创造了条件。

2. ……将5平4。

3. 前马进八,将4平5。

黑如改走将4进1,红则马六进八杀。

4. 马六进七,将5平4。

5. 马七退五,将4平5。

6. 马五进三。

红胜。

第82局 妙手回春

如图1-82所示,红方进车双照,平车叫将,弃车后,以车、马借帅力成杀。

1. 车三进一……

红如改走车三平五,黑则车8平7;车八平四,炮5平6,红不成杀,败局已定。

1. ……将6进1。

2. 车八平四,炮5平6。

黑如改走士5进6,红则车四进四;将6平5(将6进1,车三平四杀),车四平五;将5平4(将5平6,车三平四杀),马三进四,红胜。

3. 车三退一,将6退1。

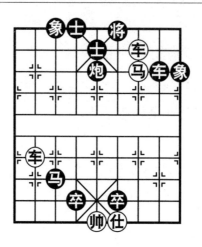

图 1-82

4. 车四进四，士 5 进 6。

黑如改走将 6 平 5，红则车三平五；士 4 进 5，车四进二杀。也可走车三进一，象 9 退 7，车四进二杀。

5. 车三进一，将 6 进 1。

6. 车三平四。

红胜。

第 83 局　人小志高

如图 1-83 所示，红方弃兵、车，以马、炮、兵入局。

1. 兵三平四，将 5 平 6。

2. 车六进九，将 6 进 1。

3. 兵二平三，将 6 进 1。

4. 车六退二……

弃车是入局的精彩之着，为马、炮成杀创造了条件。

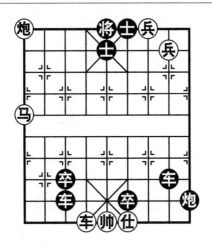

图 1 - 83

4. ⋯⋯士 5 进 4。

5. 炮九退二,士 4 退 5。

6. 马九进八,士 5 进 4。

7. 马八退六。

红胜。

第 84 局　绝处逢生

如图 1 - 84 所示,红方弃车、兵,以车、马成杀,着法精彩!

1. 车五平四,将 6 进 1。

2. 马三进五,士 6 进 5。

黑如士 4 进 5,红则兵三平四;将 6 退 1,车二进六,红方速胜。

3. 兵三平四,将 6 退 1。

4. 车二进六,将 6 退 1。

5. 车二进一,将 6 进 1。

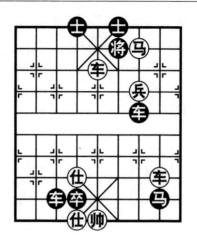

图 1-84

6. 兵四进一,将6进1。

黑如士5进6,红则马五退六杀。

7. 车二平四。

红胜。

第 85 局　壮志凌云

如图 1-85 所示,红方弃车,以小兵长趋直入,巧妙获胜。

1. 车三平四,将6进1。

2. 兵四进一,将6退1。

黑如改走将6平5,红则兵四进一;将5平4,车四平六杀。

3. 兵四进一,将6退1。

4. 兵四进一,将6平5。

5. 兵四进一,将5平4。

6. 兵四平五……

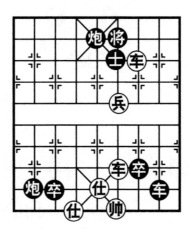

图 1－85

红方平兵欺将,精彩至极!

6. ……将 4 进 1。

黑如将 4 平 5,红则车四进七杀。

7. 车四平六。

红胜。

第 86 局 双雄显威

如图 1－86 所示,红方双车借助帅力,一举摧毁黑方九宫防线,擒获老将。

1. 车四平六……

红如改走车四平九吃马,黑则车 8 退 2 兑掉一车,和局已定。

1. ……士 5 进 4。

2. 车六进五,将 4 平 5。

3. 车三进六,将 5 退 1。

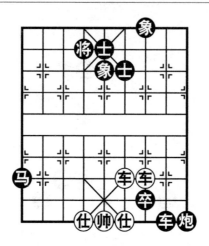

图 1－86

4. 车三进一,将5进1。

5. 车六平五,将5平6。

6. 车五平四,将6进1。

7. 车三平四。

红胜。

第87局　巧施利刀

如图1－87所示,红方双车轮番叫将,弃车后,以重炮杀。

1. 车四进六,将5进1。

2. 车四进六,将5进1。

3. 后车退一……

此乃取胜的关键之着。红如误走前车平五,黑则将5平4,红不成杀,黑胜定。

3. ……将5退1。

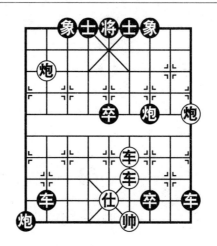

图 1 - 87

4. 前车退一,将5退1。

5. 后车平五,象3进5。

红方弃车,精彩之着。黑如改走士4进5,红则车四进一杀。

6. 炮一平五,象5退3。

黑如改走士4进5,红则车四进一杀。

7. 炮八平五。

重炮杀,红胜。

第 88 局 花心献身

如图1-88所示,红方进车叫将后,小兵占花心献身,车、炮、兵联手成杀。

1. 车二进七,士5退6。

2. 前兵平五……

此乃取胜的关键之着。红如随手走前兵进一,黑则将5平4;车

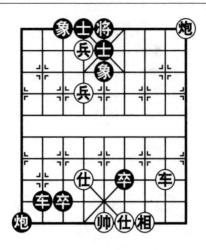

图 1 - 88

二平四,将4进1;兵六进一,将4平5,红不成杀,败定。

2. ……士4进5。

黑如将5进1,红则车二退一,红方速胜。

3. 车二退一,象5退7。

4. 车二平五,将5平4。

5. 车五进一,将4进1。

6. 兵六进一,将4进1。

7. 车五平六。

红胜。

第89局　轮番攻击

如图 1 - 89 所示,红方双车、炮轮番叫将,弃一车后巧胜。

1. 车二进三……

正着。红如随手走车三进三,黑则士5退6;车三退一,象9退7,

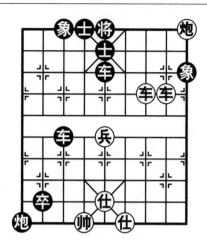

图 1 - 89

红不成杀,黑胜定。

1.……士 5 退 6。

黑如改走象 9 退 7,红则车三进三;士 5 退 6,车三平四;将 5 进 1,车二退一,红方速胜。

2. 车二退一,士 6 进 5。

3. 车三进三,士 5 退 6。

4. 车三退一,士 6 进 5。

5. 车二进一,士 5 退 6。

6. 车三平五。

此乃致命的一击! 此时无论黑方将 5 进 1 还是士 4 进 5,红均车二退一杀。

第 90 局 深谋远虑

如图 1 - 90 所示,红方巧妙弃车,借助帅力,终成马后炮杀。

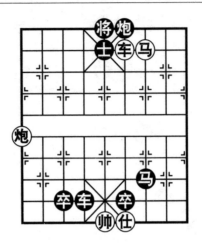

图 1-90

1. 车四平五……

正着。红如改走车四退七,黑则将 5 平 4;车四平六,卒 3 平 4;炮九平六,炮 6 平 8;马三退二,炮 8 平 5;仕四进五,卒 4 平 5;帅五平六,马 7 进 6;马二进三,卒 5 平 4,黑胜。

1. ……将 5 平 4。

2. 车五进一,将 4 进 1。

3. 车五平六……

此乃制胜的佳着,为马后炮的杀着创造条件。

3. ……将 4 退 1。

4. 马三退五,将 4 进 1。

黑如将 4 平 5,红则炮九平五杀。

5. 马五退七,将 4 退 1。

6. 马七进八,将 4 进 1。

7. 炮九进四。

红胜。

第 91 局 三勇投江

如图 1-91 所示,红方已呈"二鬼拍门"之势,但黑方亦攻势甚勇,红方能捷足先登吗?

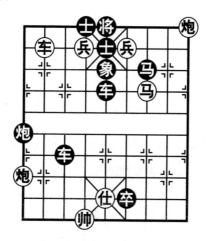

图 1-91

1. 兵六平五,士 4 进 5。

黑如改走马 7 退 5,红方入局与主着法雷同。

2. 车八平五……

此乃取胜的关键之着。如改走兵四平五或车八进一,红均不成杀,黑胜定。

2. ……马 7 退 5。

3. 兵四进一……

弃兵引将,是本局的精华所在。

3. ……将 5 平 6。

4. 马三进二,将 6 平 5。

黑如改走将 6 进 1,红则炮一退一,马后炮杀。

5. 马二退四,将 5 平 6。

6. 炮九平四,车 5 平 6。

7. 马四进三。

红胜。

第 92 局　齐心协力

如图 1－92 所示,双方子力悬殊,但红方车、马、兵处在黑方子力薄弱一侧,占位极佳,通过密切配合,演绎了精彩的一幕。

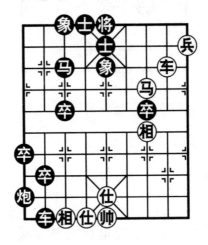

图 1－92

1. 马三进四……

红方暗伏车二进二,士 5 退 6;马四退六,将 5 进 1;车二退一的杀着。

1. ……将 5 平 6。

黑方出将解杀是必走之着。

2. 帅五平四……

出帅助战,继续要杀,精彩!

2. ……士5进6。

3. 马四退六,士4进5。

黑如改走将6进1,红则车二平四;将6平5,车四进一杀。

4. 车二进二,将6进1。

5. 兵一平二,士5退6。

黑如改走士5进4去马,红则车二平五绝杀。

6. 车二平三,将6平5。

7. 车三退一。

红胜。

第93局　摧枯拉朽

如图1-93所示,红方三路兵引离黑将,七路兵砍炮,以车、炮、兵联手成杀。

1. 兵三进一,将6退1。

2. 兵三进一,将6退1。

3. 兵三平四,将6平5。

4. 兵七平六,将5平4。

5. 炮八平六,卒3平4。

黑如将4平5,红则车一进一杀。

6. 车一进一,士5退6。

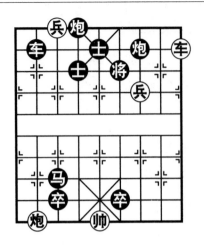

图 1 - 93

7. 车一平四,将 4 进 1。

8. 兵四平五。

红胜。

第 94 局 掷地有声

如图 1 - 94 所示,黑方已成绝杀之势,红方无法解救。但红方借助帅力,以马、炮弈成巧妙闷杀,精彩异常。

1. 马一进二,炮 6 退 2。

2. 马二退四,炮 6 进 3。

3. 马四进二,炮 6 退 3。

4. 马二退四,炮 6 进 7。

5. 马四进二,炮 6 退 7。

6. 马二退四,炮 6 进 9。

7. 马四进二,炮 6 退 9。

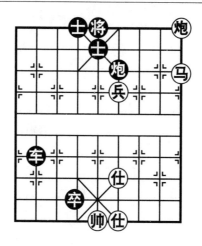

图 1 - 94

8. 马二退四。

红胜。

第95局　骏马腾飞

如图 1 - 95 所示,红方马、炮连照,调整占位,弃兵后,以马后炮杀。

1. 炮二平四,马 6 进 5。

2. 马三进四,马 5 退 6。

3. 马四退二,马 6 进 5。

4. 马二退四,马 5 退 6。

黑如改走炮 9 平 6,红则兵五平四;将 6 平 5,兵四平五或兵四进一杀。

5. 马四进六,马 6 进 5。

6. 兵五平四,将 6 平 5。

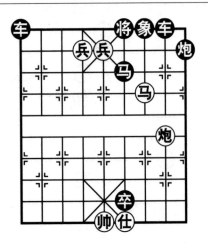

图 1-95

7. 兵六进一,将 5 平 4。

8. 炮四平六。

红胜。

第 96 局　龙虎五将

如图 1-96 所示,红方子力虽然较弱,但各子协同作战,献身沙场,直捣黄龙。

1. 兵四平五,将 6 平 5。

2. 兵五进一,将 5 平 4。

3. 兵五平六,将 4 退 1。

4. 炮九平六,马 2 进 4。

5. 炮二平六,车 1 平 4。

黑如改走士 5 进 4,红则兵六进一;将 4 进 1,车四平六杀。

6. 兵六进一,将 4 退 1。

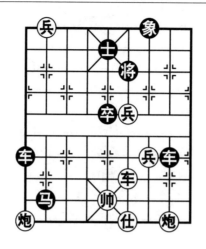

图 1 - 96

黑如改走士 5 进 4,红则车四进六;将 4 退 1,兵八平七,红胜。

7. 兵六进一,将 4 平 5。

8. 兵六平五。

红胜。

红方第 7 着也可车四进七,弃车成杀。

第 97 局　见缝插针

如图 1 - 97 所示,红方炮、车、马连将,逼黑将高悬后成杀。

1. 炮二进六,象 9 退 7。

2. 车八进七,士 5 退 4。

3. 马五进六,将 5 进 1。

4. 马六退四,将 5 平 6。

5. 车八退一,士 6 进 5。

黑如改走将 6 进 1,红则马一进三;将 6 平 5,车八退一杀。再如

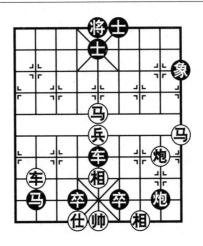

图 1－97

改走士 4 进 5,红方杀法与主着法雷同。

6.马四进二,将 6 进 1。

7.车八退一,士 5 进 4。

8.车八平六,象 7 进 5。

9.马一进二。

红胜。

第98局 大显身手

如图 1－98 所示,红方三兵在马的配合下,连逐黑将后取胜。

1.前兵平七,将 4 退 1。

黑如改走将 4 进 1,红则兵六进一;将 4 平 5,兵六平五;将 5 平 4,兵八平七,红方速胜。

2.兵七进一,将 4 进 1。

黑如将 4 平 5,红则马五进三杀。

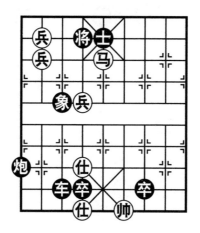

图 1－98

3.马五退七,将4进1。

4.兵八平七,将4退1。

5.后兵进一,将4进1。

此时红方有两种胜法,现只介绍其中一种。

6.兵六进一,将4平5。

7.兵六平五,将5平4。

8.兵五进一,象3退5。

9.马七退五。

红胜。

第99局　边关擒王

如图 1－99 所示,红方进双车叫将,一车献身花心,一车平占花心后砍士获胜。

1.车二进二,士5退6。

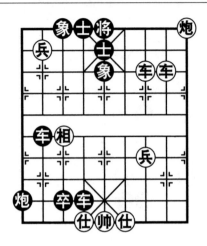

图 1－99

2. 车二退一,士 6 进 5。

3. 车三进二,士 5 退 6。

4. 车二平五,士 4 进 5。

5. 车三退一,象 5 退 7。

6. 车三平五,将 5 平 4。

7. 车五进一,将 4 进 1。

8. 兵八平七,将 4 进 1。

9. 车五平六。

红胜。

红方也可先车三进二叫将,黑则士 5 退 6;车三退一,士 6 进 5;车二进二,士 5 退 6;车三平五,士 4 进 5;车二退一,象 5 退 7;车二平五,将 5 平 4;车五进一,将 4 进 1;兵八平七,将 4 进 1;车五平六杀。这两种杀法大同小异。

第100局 才智过人

如图1－100所示,红方进车叫将后,再献马叫将取胜。

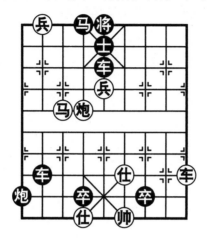

图1－100

1. 车一进七,士5退6。

2. 马七进六,将5进1。

黑如改走车5平4,红则炮六平五;马4进5,兵五进一;将5平4,车一平四;将4进1,车四退一;将4退1,兵八平七,红胜。

3. 车一退一,马4进6。

4. 兵五进一,将5进1。

5. 车一退一,将5退1。

黑如改走马6进8弃马,红则车一平二;将5退1,马六退四;将5退1,车二平五;士6进5,车五进一;将5平6,炮六平四,红胜。

6. 马六退四,将5退1。

黑如将5平4,红则车一平六杀。

7. 车一平五,士 6 进 5。

8. 车五进一,将 5 平 6。

9. 车五平四,将 6 平 5。

黑如将 6 进 1,红则炮六平四,马后炮杀。

10. 马四进六。

红胜。

第二章　精彩实战 100 局

　　本章精选名手实战 100 局,局局杀王精彩,技巧过人,令人赏心悦目;且盘面多样,内涵丰富,是棋艺宝库中不可多得的珍品。

第1局　河北刘殿中(红方)
—广东吕钦

如图2-1所示,红先胜。

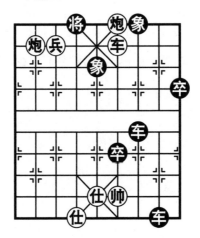

图 2-1

1. 兵七平六,将4平5。

2. 车四平五,将5平6。

3. 车五平四,将6平5。

以下兵六平五,将5平4;车四进一,红胜。

第2局　四川陈新全(红方)
—内蒙古施觉民

如图2-2所示,红先胜。

1. 车六退二,象7进5。

2. 车二退一,将6退1。

3. 车六进一,将6退1。

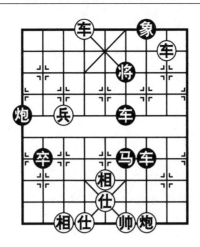

图 2 - 2

4. 车六进一。

以下着法是:将 6 进 1,车二进一;将 6 进 1,车六平四,红胜。

第 3 局　湖北柳大华(红方)

——山东王秉国

如图 2 - 3 所示,红先胜。

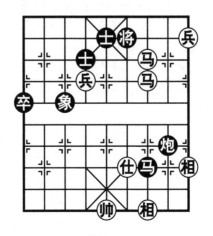

图 2 - 3

1. 前马进五,将 6 退 1。

黑如将 6 进 1,红则马五进三,红方速胜。

2. 马五退三,将 6 退 1。

3. 前马进二,将 6 退 1。

4. 马三进二。

红胜。

黑方第 3 着如改走将 6 进 1,红方则仍走马三进二成杀。

第4局 中国台北刘安生(红方)

──黑龙江赵国荣

如图 2-4 所示,黑先胜。

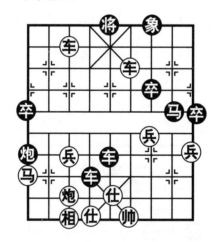

图 2-4

……车 4 进 2。

黑方弃车杀仕,精彩绝伦!以下红如仕五退六去车,黑则车 5 进 3;帅四进一,马 8 进 7;帅四进一,车 5 平 6;炮七平四,车 6 退 1 或马 7 进 8,黑胜。

红如改走帅四进一,黑则车 5 进 2;帅四进一,车 4 平 6,黑亦胜。

第 5 局　河北范向军(红方)

——江苏陆建洪

如图 2-5 所示,黑先胜。

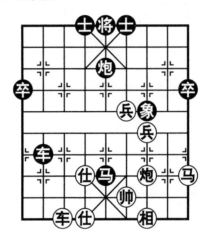

图 2-5

1. ……车 2 平 6。

2. 炮三平四,车 6 进 1。

黑方弃车砍炮,精彩之着,由此演绎成妙杀!

3. 帅四进一,炮 5 平 6。

4. 兵四平五,马 5 退 6。

5. 兵五平四,马 6 进 4。

黑胜。

第 6 局　广东许银川(红方)

——黑龙江李洪滨

如图 2-6 所示,红先胜。

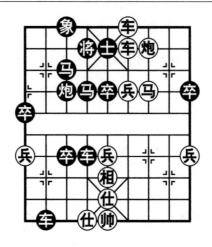

图 2－6

1. 后车平五……

红方弃车破士,是入局的精彩之着。

1. ……将 4 平 5。

黑如改走将 4 进 1,红则车四退二;象 3 进 5,车四平五,红方速胜。

2. 马三进四,将 5 进 1。

3. 兵四进一,将 5 平 6。

4. 马四进六。

红胜。

第 7 局　河北奕燕生(红方)

—山西张致忠

如图 2－7 所示,黑先胜。

1. ……车 3 平 5。

2. 帅五平四……

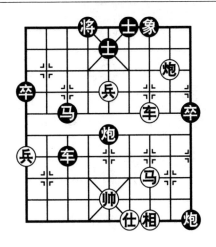

图 2-7

红如改走相三进五,黑则马3进4;帅五平六(帅五平四,车5平6),炮5平4,马后炮杀。

2.……车5平6。

3.帅四平五,马3进4。

4.帅五退一,车6平5。

以下红如马三退五,黑则马4进3杀;又如帅五平六,黑则炮5平4杀。红方认负。

第8局 湖北洪智(红方)

—广西吕帆

如图2-8所示,红先胜。

1.车四进二……

弃车绝妙,红方由此构成精彩杀局。

1.……将5平6。

2.车六进六,将6进1。

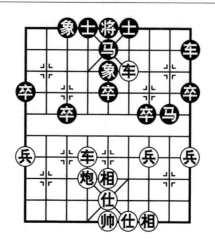

图 2−8

3. 炮六进六,将6进1。

4. 车六平四,车9平6。

5. 车四退一。

红胜。

红方第5着若炮六退一亦杀。

第9局 内蒙古施觉民(红方)
—天津刘宝明

如图 2−9 所示,红先胜。

1. 炮五平四,士5进6。

2. 车六进七,将6退1。

黑如士4进5,红则兵四平三闷杀。

3. 兵四进一,将6平5。

4. 炮四平五,象5进7。

5. 车六平五。

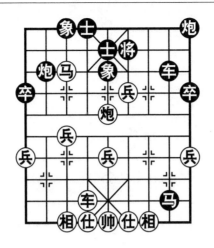

图 2－9

以下将 5 平 6,兵四进一杀。

至此,黑方认负。

第 10 局　安徽丁如意(红方)

—四川陈鱼

如图 2－10 所示,黑先胜。

1. ……卒 5 进 1。

2. 帅五进一,马 4 进 5。

3. 帅五平四……

红如改走帅五平六,黑则马 5 进 6;帅六平五,车 8 进 1;帅五退一,马 6 退 5;仕六进五,车 8 进 1,黑胜。

3. ……马 5 退 7。

4. 帅四平五,车 8 进 1。

以下是帅五退一,马 7 进 5;仕六进五,车 8 平 5;帅五平六,车 5进 1;帅六进一,车 5 平 4,黑胜。

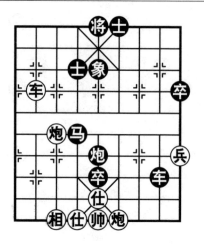

图 2 - 10

第 11 局　湖北陈淑兰(红方)

——四川林野

如图 2 - 11 所示,红先胜。

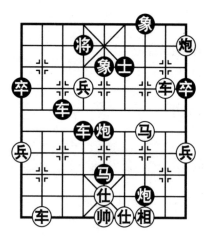

图 2 - 11

1. 车八进八,将 4 退 1。

2. 炮一进一,象 7 进 9。

3. 车二进三，象 5 退 7。

4. 车二退一……

入局的关键之着。红如随手走车二平三，黑则炮 5 退 5，红不成杀，又无法摆脱黑方的杀着，反胜为败。

4. ……象 7 进 5。

5. 车二平六！

以下将 4 平 5，车八进一，红胜。

第 12 局 广东吕钦（红方）

—农协郑乃东

如图 2-12 所示，红先胜。

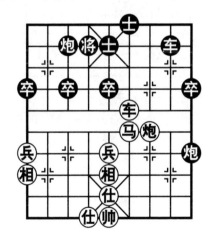

图 2-12

1. 车四平六，士 5 进 4。

2. 马四进五，将 4 退 1。

黑如将 4 平 5，红则炮三平五，马后炮杀。

3. 车六进二，将 4 平 5。

4. 炮三平五,炮3平5。

黑如改走士6进5,红则车六进一,红也胜定。

5. 马五进四!

以下黑如炮5进5,红则车六进二;将5进1,马四退五,马后炮杀,红胜。

第13局　南通朱少文(红方)

——南通宋锡林

如图2-13所示,红先胜。

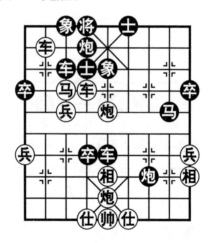

图 2-13

1. 车八平六,将4进1。

2. 车六进一……

红方连弃双车,砍炮杀士,构成妙杀,精彩至极,甚为罕见!

2. ……将4进1。

3. 后炮平六,卒4平3。

4. 兵七平六。

以下是车 5 平 4,兵六进一;将 4 退 1,兵六进一;将 4 退 1,兵六进一,"送佛归殿",连杀制胜,至此,黑方认负。

第 14 局　辽宁周小梅(红方)
—内蒙古甄向红

如图 2-14 所示,红先胜。

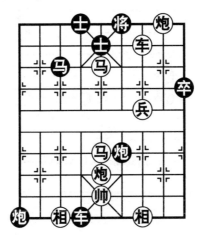

图 2-14

1. 车三进一,将 6 进 1。

2. 马五退三,将 6 进 1。

3. 马三进二……

红也可改走炮五平四,黑则炮 6 平 7;马五进四,炮 7 平 6;马四进六,红胜。

3. ……将 6 退 1。

4. 车三退一,将 6 退 1。

5. 车三平五。

红胜。

第 15 局　湖北李智平(红方)

—深圳陈军

如图 2－15 所示,红先胜。

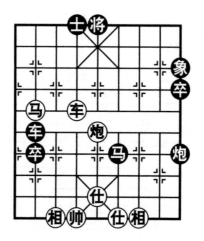

图 2－15

1. 车六进四,将 5 进 1。

2. 马八进七,将 5 进 1。

黑如改走将 5 平 6,红则马七退五;将 6 进 1,车六平四,红方速胜。

3. 车六退二……

红如改走车六平五,黑则将 5 平 6;车五平四,将 6 平 5;马七进六,将 5 退 1;车四退一,将 5 退 1;马六退五,车 2 平 5;马五进七,红胜。

3. ……将 5 退 1。

4. 车六进一……

红如改走车六平二,黑则将 5 平 6;马七退五(或马七进六,将 6 平

5,车二平五杀),将 6 退 1;车二平四或车二进二杀,红胜。

4. ……将 6 进 1。

5. 马七退六。

红马抽得黑车。至此,黑方认负。

第 16 局 山东王秉国(红方)
—陕西张惠民

如图 2-16 所示,红先胜。

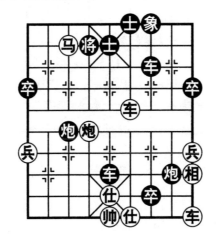

图 2-16

1. 马七退六,士 5 进 4。

2. 车四进三,将 4 退 1。

黑如士 6 进 5,红则跳马闷杀。

3. 车四进一,将 4 进 1。

4. 马六进八,将 4 平 5。

5. 马八进七。

以下将 5 进 1,车四平五;将 5 平 6,车五退七,抽吃黑车,红多子胜定。至此,黑方认负。

第17局 湖北李义庭(红方)

—甘肃管必仲

如图 2-17 所示,黑先胜。

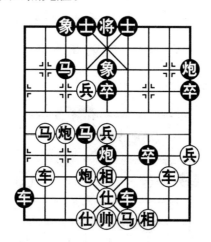

图 2-17

1. ……车 1 平 5。

黑方弃车,宫心杀仕,精彩绝妙!

2. 仕六进五,车 6 平 5。

3. 帅五平六,马 4 进 3!

黑再弃一马,使红方自堵六路炮的出路,又是一招妙着!

4. 车八平七,车 5 进 1。

5. 帅六进一,炮 5 平 4。

平炮闷杀,黑胜。

第18局 四川黎德玲(红方)

—广东刘璧君

如图 2-18 所示,红先胜。

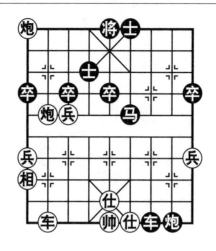

图 2－18

1. 炮八进四,将 5 进 1。

2. 车八进八,将 5 进 1。

3. 炮九退二,士 4 退 5。

4. 车八退一,士 5 进 4。

5. 车八退五。

至此,黑方认负。如接走将 5 退 1(如士 4 退 5,红则炮八退二,重炮杀),红则车八进六;将 5 退 1,炮九进二杀,红胜。

第19局　辽宁郭长顺(红方)

——广东蔡福如

如图 2－19 所示,红先胜。

1. 马七进六……

弃马叫将,形成妙杀,算度准确。

1. ……后马进 4。

2. 马五进六,将 5 进 1。

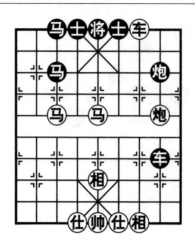

图 2 - 19

3. 车三退一,将 5 进 1。

4. 车三退一,将 5 退 1。

5. 马六退四。

以下黑如将 5 退 1,红则马四进三;将 5 进 1,车三平七,红方得马伏杀,胜定。又如将 5 平 6,红则炮二平四杀。再如将 5 平 4,红则车三平六杀。至此,黑方认负。

第 20 局   火车头郭长顺(红方)

——吉林陶汉明

如图 2 - 20 所示,黑先胜。

1. ……炮 8 进 7。

2. 相一退三,炮 2 进 7。

3. 马七退八……

红如相七进九,黑则车 4 进 1 杀;再如改走仕五退六,黑则车 6 进 6 杀。

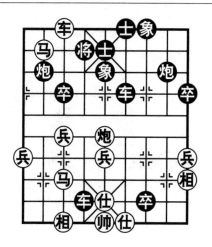

图 2－20

3. ……车 6 进 6!

4. 仕五退四,车 4 进 1。

以下帅五进 1,炮 8 退 1;帅五进一,车 4 退 2,黑胜。

第 21 局 马来西亚黄运兴(红方)

—中国李来群

如图 2－21 所示,红先胜。

1. 马四退三,将 4 进 1。

黑如改走士 5 退 6,红则车三平四;将 4 进 1,马三退五;将 4 平 5
(如将 4 进 1,红则车四平六),车四退一,红胜。

2. 马三退五,将 4 进 1。

3. 车三退二,象 3 进 5。

4. 车三平五,将 4 退 1。

5. 车五进一。

至此,黑方认负。因以下黑方将 4 平 5,或退 1,或进 1,红均有简

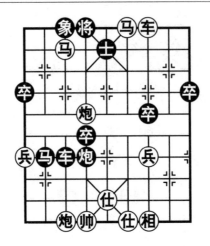

图 2-21

便杀法,红胜。

第22局　中国澳门刘永德(红方)

—中国香港朱俊奇

如图 2-22 所示,黑先胜。

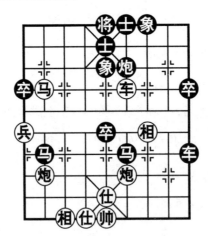

图 2-22

1.……车9进3。

2. 炮四退二……

红如改走仕五退四,黑则马 2 进 4;帅五进一,车 9 退 1;帅五进一,马 6 退 4;帅五平六,马 4 进 2;帅六平五,卒 5 进 1,黑胜。

2. ……马 6 进 7。

3. 车四退五,马 2 进 4!

弃马挂角叫将,精妙之着,由此构成妙杀。

4. 仕五进六,车 9 平 6!

以下帅五进一,车 6 退 1;帅五退一(如帅五平四吃车,黑则马 7 退 6,马后炮杀),车 6 平 4;帅五平四,卒 5 平 6,黑胜。

第 23 局　浙江陈孝堃(红方)

——青海胡一鹏

如图 2-23 所示,红先胜。

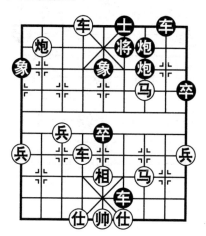

图 2-23

1. 前车平四,将 6 退 1。

红弃车杀士,扫除入局障碍,精妙之着! 黑方退将吃车实属无奈,如车 8 平 6 吃车,红则车六进五;将 6 进 1,前马退五,红方速胜。

2. 车六进六,将 6 进 1。

3. 车六退一,将 6 退 1。

4. 前马进五,将 6 平 5。

黑如后炮平 5,红则车六进一杀。

5. 车六进一。

以下将 5 进 1,马五进七,马后炮杀。红胜。

第 24 局 河北李文彬(红方)

—河北李来群

如图 2 - 24 所示,黑先胜。

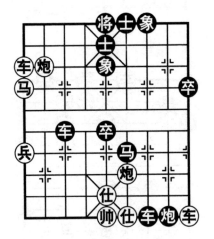

图 2 - 24

1. ⋯⋯车 3 进 4。

2. 仕五退六,马 6 进 4。

3. 帅五进一,车 7 退 1。

4. 帅五进一,卒 5 进 1。

5. 帅五平六,车 3 平 4。

红胜。

黑方第 3 着亦可改走车 3 退 1,红则帅五进一;卒 5 进 1,帅五平六;炮 8 退 2,炮四退一;车 7 退 2,炮四进一;车 7 平 6,黑胜。但此着法较烦琐,不如实战简捷。

第 25 局　辽宁卜凤波(红方)

——江苏徐天红

如图 2-25 所示,红先胜。

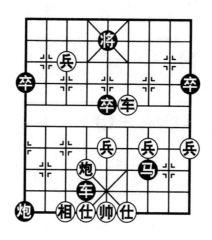

图 2-25

1. 车四平五,将 5 平 6。

黑如改走将 5 平 4,红则车五平六;将 4 平 5,炮六平五;将 5 平 6,车六平四,红胜。

2. 车五平四,将 6 平 5。

3. 炮六平五,将 5 平 4。

4. 兵七进一,将 4 退 1。

5. 车四进四。

红胜。

第26局　安徽蒋志梁(红方)

——山东王秉国

如图 2-26 所示,红先胜。

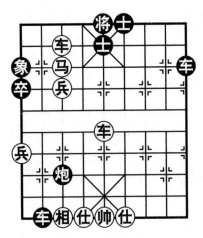

图 2-26

车七平五。

弃车杀士,精彩之着! 由此构成连杀,黑方认负。以下的着法是:
士6进5,车五进四;将5平6,车五进一;将6进1,马七退五;将6进
1,马五进六;将6退1,车五平四,红胜。

第27局　上海邬正伟(红方)

——河北陈羽中

如图 2-27 所示,红先胜。

1. 车九平四……

红方平车抢占肋道,马踏黑方中象后可形成绝杀。

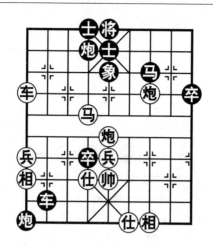

图 2－27

1. ……车 2 退 4

黑如改走车 2 退 6,红则帅五平四;车 2 平 4,马六进八;车 4 进 3,炮三平三;卒 4 平 5,炮二进三绝杀,红胜。

2. 马六进五……

红方马踏中象,不怕黑方车 2 平 5,已胸有成竹。

2. ……车 2 平 5。

3. 帅五平四,车 5 退 2。

4. 炮三平二,炮 4 进 3。

黑方升炮的目的是当红方续走炮二进三要杀时,黑方可炮 4 平 6 遮垫解杀。

5. 车四进三……

红方弃车,精妙绝伦! 由此演绎精彩杀局。

5. ……马 7 退 6。

6. 炮三平七。

黑方无法解脱红方炮七进三的闷杀,红胜。

第28局 天津陆玉江(红方)

——山东李军

如图 2-28 所示,黑先胜。

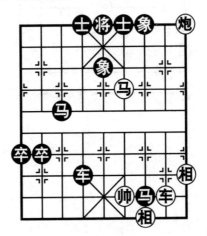

图 2-28

1. ……车 4 进 1。

2. 帅四退一……

红如帅四进一,黑则马 3 进 4 杀。

2. ……马 7 退 5。

3. 车二平五……

红如改走相三进五,黑则车 4 平 8,红方失车后败局已定。

3. ……车 4 进 1。

4. 帅四进一,马 5 退 7。

5. 帅四进一,车 4 平 6。

以下是车五平四,车 6 退 1 杀。黑胜。

第 29 局 安徽宋道新(红方)
—辽宁卜凤波

如图 2-29 所示,黑先胜。

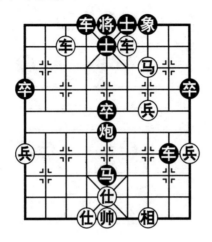

图 2-29

1. ⋯⋯马 5 退 6。

2. 仕五进四⋯⋯

红如改走帅五平四,黑则车 8 平 6;仕五进四,车 6 进 1;帅四平五,马 6 进 5;仕六进五,马 5 进 3,黑胜。红如改走仕五进六,黑则车 8 平 5;帅五平四,车 5 平 6;帅四平五,车 6 进 2,黑亦胜定。

2. ⋯⋯车 8 平 5。

3. 帅五平四,车 4 进 9。

4. 帅四进一,车 4 退 1。

5. 帅四退一,马 6 进 7。

黑胜。

第 30 局　贵州王刚扣（红方）

——河北黄勇

如图 2－30 所示，黑先胜。

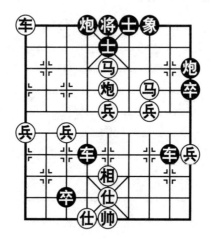

图 2－30

1.······车 8 进 3。

2. 相五退三······

红方弃相无奈，如改走仕五退四，黑则车 4 进 3；帅五平六（如帅五进一，黑则车 8 退 1 杀），车 8 平 6，黑方速胜。

2.······车 8 平 7。

3. 仕五退四，车 4 进 3。

4. 帅五进一，车 7 退 1。

5. 帅五进一，车 4 退 2！

黑方弃车，妙着！立成杀局。以下帅五平六，车 7 退 1，黑胜。

第 31 局　吉林陶汉明（红方）

——河北申鹏

如图 2－31 所示，红先胜。

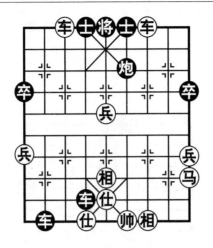

图 2 - 31

1. 兵五进一……

红方棋艺精湛,胆识过人。

算准弃车后可抢先入局。

1. ……车 4 平 5。

黑方除此之外,别无好着。

2. 车三平四……

红方弃车杀士,精妙之着。真可谓妙着连珠。

2. ……将 5 平 6。

3. 车七平六,将 6 进 1。

4. 兵五进一,车 5 平 3。

5. 车六退一,将 6 退 1。

6. 兵五平四。

红胜。

第 32 局 辽宁卜凤波（红方）

—山西张致忠

如图 2 - 32 所示,红先胜。

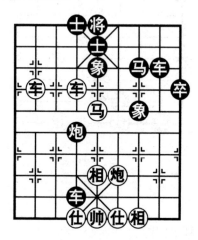

图 2 - 32

车六进三!

弃车杀士,形成车、马冷着,黑方认负。以下的着法是:

①将 5 平 4,车八进三;象 5 退 3,车八平七;将 4 进 1,马五进七;将 4 进 1,车七退二;将 4 退 1,车七平八;将 4 退 1,车八进二,红胜。

②士 5 退 4,马五进六;将 5 平 6(如将 5 进 1,则车八进二杀),车八平四,红胜。

第 33 局 四川林野（红方）

—湖北陈淑兰

如图 2 - 33 所示,黑先胜。

1. ……马 2 退 4。

献马挂角叫将,妙着!红方不能仕五进六去马,否则黑方车 7 平

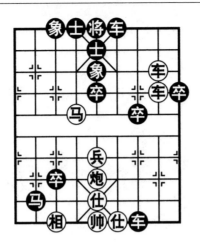

图 2 - 33

6;帅五进一,后车进 8,黑方速胜。

2. 帅五平六,车 6 进 9!

弃车杀仕,精彩绝伦! 迅速入局。

3. 仕五退四……

红如改走帅六进一,黑则卒 3 进 1;帅六进一,车 6 平 4;仕五退六,车 7 平 4,黑胜。

3. ……车 7 平 6。

4. 帅六进一……

红如改走炮五退二,黑则卒 3 进 1;后车退六,马 4 进 6,黑胜。

4. ……卒 3 进 1。

5. 帅六平五,马 4 进 3。

黑胜。

第 34 局　湖北周涛(红方)

—安徽孙丽

如图 2 - 34 所示,黑先胜。

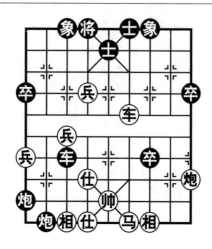

图 2－34

1. ……车 3 进 2。

2. 帅五进一……

红如改走帅五退一,黑则炮 1 进 1;相三进五,车 3 平 4 绝杀,
黑胜。

2. ……炮 2 退 2。

3. 仕六退五,车 3 退 1。

4. 仕五进六,车 3 进 2。

5. 帅五退一,车 3 退 1。

黑方退车照将,有连杀手段,红方无法摆脱,认负。以下的着
法是:

①帅五退一,炮 2 进 2;仕六进五,炮 1 进 1,重炮杀。

②马四进六,车 3 平 4;帅五退一(红如帅五平六,黑则炮 2 进 1
杀),炮 2 进 2;仕六进五,炮 1 进 1,重炮杀。

第 35 局 美国谭正(红方)

—泰国谢盖洲

如图 2-35 所示,黑先胜。

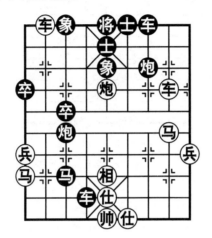

图 2-35

1. ……炮 7 进 7!

黑方弃炮,妙手! 由此演绎精彩杀法。

2. 相五退三,炮 3 平 5。

3. 仕五进六,车 4 进 1。

4. 帅五进一,车 7 进 8。

5. 帅五进一,马 3 退 4。

6. 帅五平四,车 4 平 6。

黑胜。

第 36 局 重庆车兴国(红方)

—山东谢岿

如图 2-36 所示,红先胜。

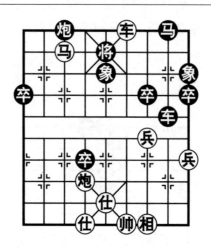

图 2 - 36

1. 马七退六,将 5 平 4。

2. 马六进八,将 4 平 5。

3. 炮六平五,卒 4 平 5。

4. 马八进七,将 5 平 4。

5. 马七退八,将 4 平 5。

6. 马八退六,将 5 平 4。

以下炮五平六,卒 5 平 4;车四平五,卒 4 进 1;马六进八,将 4 进 1;车五平六,红胜。

第 37 局　　上海王鑫海(红方)
——上海洪谟杰

如图 2 - 37 所示,红先胜。

1. 车二进七,象 5 退 7。

黑如改走象 9 退 7,红可采用同样的方法入局(当然也可采用其他入局方法)。

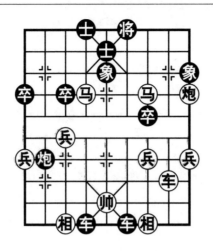

图 2 - 37

2. 车二平三……

红方弃车杀象,构成精彩杀局。

2. ……象 9 退 7。

3. 马三进二,将 6 平 5。

黑如将 6 进 1,红则炮一进二杀。

4. 马六进四,车 6 退 7。

5. 马二退四,将 5 平 6。

6. 炮一平四。

红胜。

第 38 局　甘肃左云祥(红方)
—安徽张元启

如图 2 - 38 所示,黑先胜。

1. ……炮 8 平 5。

2. 仕五进四……

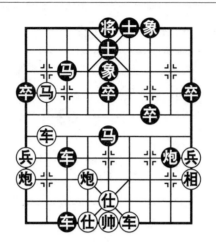

图 2-38

红如改走炮六平五,黑则后车平4;马八进七,将5平4;车四进
九,士5退6,黑方胜定。

2.……前车平4!

黑方弃车杀仕,绝妙! 由此构成精彩杀局。

3. 帅五平六,车3进3。

4. 帅六进一,车3退1。

5. 帅六退一,炮5平4。

6. 帅六平五,马5进4。

黑胜。

第39局　北京臧如意(红方)

—青海胡一鹏

如图2-39所示,红先胜。

1. 车九退一,士5进4。

2. 车九平六……

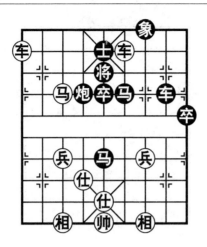

图 2 - 39

弃车杀士引将,入局的精妙之着。

2. ……将 5 平 4。

3. 车四退一,象 7 进 5。

4. 马七进八,将 4 退 1。

5. 车四进一,马 6 退 5。

6. 马八退七。

以下黑如将 4 退 1,红则车四进一杀;另如将 4 进 1,红则车四平五,伏马七进八绝杀,红胜。

第 40 局 上海葛维蒲(红方)
—武汉王斌

如图 2 - 40 所示,红先胜。

1. 马七进六,士 5 进 4。

2. 马六进八,士 4 退 5。

黑如改走将 4 平 5,红则马八进九,黑也无法防御,红胜定。

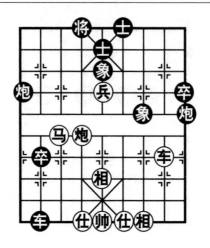

图 2－40

3. 兵五平六，士 5 进 4。

4. 兵六平七，士 4 退 5。

5. 马八退六，士 5 进 4。

黑如改走将 4 平 5,红则马六进七;将 5 平 4,兵七平六;士 5 进 4,兵六进一;炮 1 平 4,兵六进一;将 4 平 5,兵六进一(或兵六平五);将 5 进 1,车二进五,红胜。

6. 马六进四。

以下士 4 退 5,兵七平六;士 5 进 4,兵六进一;炮 1 平 4,兵六进一,红胜。

第 41 局　丹东史玉璞（红方）

—丹东景文仁

如图 2－41 所示,黑先胜。

1. ……马 5 进 4。

2. 马七进五,车 4 进 1!

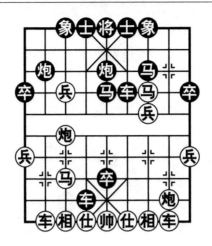

图 2－41

弃车破士,入局妙手!

3. 帅五平六,车 6 进 6。

4. 帅六进一,卒 5 进 1。

5. 帅六进一,车 6 平 4。

6. 马五退六,炮 5 平 4。

7. 兵七平六,马 4 进 6。

黑胜。

第 42 局　黑龙江赵国荣(红方)

——广东庄玉腾

如图 2－42 所示,红先胜。

1. 炮九平七,将 6 进 1。

2. 车二进一,将 6 进 1。

3. 炮七退二,士 5 进 4。

黑如象 5 退 7,红则炮八退二杀。

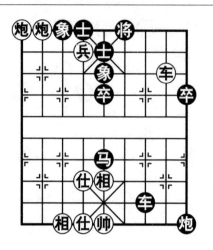

图 2－42

4. 车二退一,将 6 退 1。

5. 炮七进一,士 4 进 5。

6. 兵六平五,将 6 平 5。

7. 车二进一。

以下将 5 退 1,炮七进二,红胜。

第 43 局　辽宁韩福德(红方)

—上海胡荣华

如图 2－43 所示,红先胜。

车九平六!

红方弃车杀士,精彩绝伦! 由此构成连杀,黑方认负。以下的着法是:士 5 退 4(如将 6 进 1,红则车五进一;将 6 进 1,车六退二或车六平四杀),车五进二;将 6 进 1,马六进五;将 6 进 1,马五进六(亦可走马五退三,将 6 退 1;马三进二,将 6 进 1;车五平四或车五退二杀)。此时黑只有走士 4 进 5 或将 6 退 1,红均可走车五平四杀。

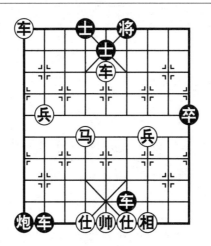

图 2－43

第 44 局　吉林陶汉明（红方）

—四川才溢

如图 2－44 所示，红先胜。

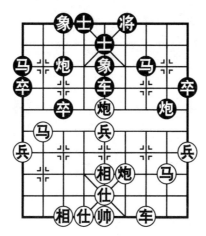

图 2－44

1. 炮五进二……

红方弃炮轰黑方中象，出乎黑方意料，是一支突发的冷箭，令黑方难以招架。

1. ⋯⋯象 3 进 5。

2. 马八进六,炮 3 平 4。

3. 马六进四,马 7 进 6。

黑如改走炮 8 平 6,红则兵五进一,红亦得子胜定。

4. 车三进五,炮 8 退 2。

5. 马四进三。

红方兵临城下,黑方无险可守,只能订城下之盟。红方入局简捷明快,给人以美的享受。

第 45 局　北京柳玉栋(红方)
—北京刘振洲

如图 2－45 所示,红先胜。

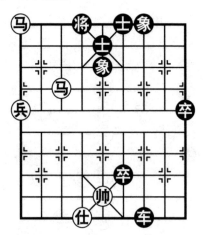

图 2－45

1. 马七进八,将 4 平 5。

黑如将 4 进 1,红则马九退八,红方速胜。

2. 马九退七,将5平4。

3. 马七退五,将4平5。

黑如将4进1,红则马五退七杀。

4. 马五进七,将5平4。

5. 马七退六,将4平5。

6. 马六进四。

红胜。

红方妙用"双马饮泉"杀法,引人入胜,令人不禁拍手叫绝!

第46局　河北阎文清(红方)

——浙江于幼华

如图2-46所示,红先胜。

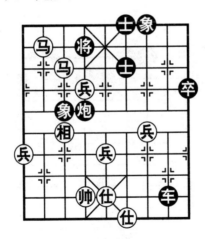

图2-46

1. 兵六进一,将4平5。

2. 兵六平五……

弃兵叫将,是入局的精妙之着。

2.······将5进1。

黑如将5平6,红则马八进六;黑如将5退1,红则马八退六;黑如将5平4,红则马七进八,红均成杀,黑方速败。

3. 马七退六,将5退1。

4. 马六进七,将5退1。

5. 马八退六,将5进1。

6. 马六退五。

以下黑方如走将5退1,红方则马五进四杀;又如改走将5平6或将5进1,红方均可马五进三杀。因此黑方认负。

第47局 甘肃梁军(红方)

—四川曾东平

如图2-47所示,红先胜。

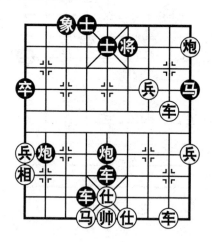

图2-47

1. 前车进三,将6退1。

2. 前车进一,将6进1。

3. 后车进八,将 6 进 1。

4. 兵三平四,将 6 平 5。

5. 后车退一,士 5 进 6。

6. 兵四平五,将 5 平 4。

黑如将 5 退 1,红则后车进一杀。

7. 前车平六。

红胜。

第48局　湖北王想林(红方)

—广东黄景贤

如图 2－48 所示,黑先胜。

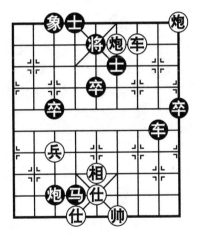

图 2－48

1. ……车 8 进 4。

2. 帅四进一,车 8 退 1。

3. 帅四进一……

红如帅四退一,黑则炮 3 进 1 杀。

3. ······炮 3 退 1。

4. 相五进三,车 8 退 1。

5. 帅四退一,马 4 退 5。

6. 相三退五,车 8 进 1。

7. 帅四退一,炮 3 进 2!

黑方献炮叫将,构成妙杀,红方认负。如续走相五退七,黑则车 8
进 1 杀。

第 49 局　广州简明基(红方)

—广州张国骅

如图 2-49 所示,红先胜。

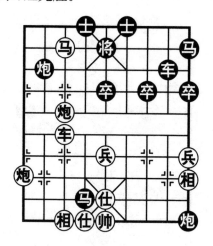

图 2-49

1. 炮九进六,炮 2 退 1。

2. 马七退五,炮 2 进 7。

红方献马于中路闪将,精彩之着!黑方此时如将 5 进 1,红则炮七
平五,弃炮成杀。再如将 5 退 1,红则炮七进四;士 4 进 5,炮九进一;炮

2 退 1,炮七退二,红方得车,胜定。

3.炮七进三,炮 2 退 7。

4.炮七平一,将 5 退 1。

退将实属无奈,黑如改走炮 2 进 7,红则马五进三;车 8 退 1,车七进四,红胜。

5.炮九进一,士 4 进 5。

6.炮一进一,车 8 退 2。

7.马五进七。

以下将 5 平 4,车七平六杀,红胜。

第 50 局　山西裴君华(红方)

—广东甘璧玲

如图 2-50 所示,黑先胜。

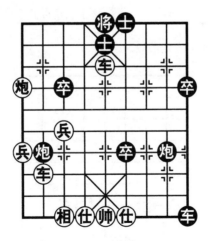

图 2-50

1. ……炮 8 进 3。

2.仕四进五……

红如改走帅五进一,黑则车 9 退 1;帅五进一,车 9 退 1;帅五退一,

147

车9平2,黑得车,胜定。

2. ……炮2平5。

3. 帅五平四……

红如改走车五退四,黑则卒6平5,也是黑方呈胜势。

3. ……炮8退4。

4. 帅四进一,车9退1。

5. 帅四退一,炮8平6。

6. 仕五进四,卒6进1。

7. 帅四平五,卒6平5。

以下红如帅五平四,黑则炮5平6;帅四平五,车9进1,黑胜。又如车五退四,黑则车9进1,黑亦胜。

第51局　黑龙江张晓平(红方)

—吉林陶汉明

如图2-51所示,红先胜。

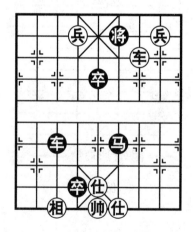

图2-51

1. 兵二平三,将 6 退 1。

2. 车三平四,将 6 平 5。

3. 车四平五,将 5 平 6。

以下兵三进一,将 6 进 1;兵六平五杀,故黑方认负。

第 52 局　吉林陶汉明(红方)

——河北刘殿中

如图 2-52 所示,红先胜。

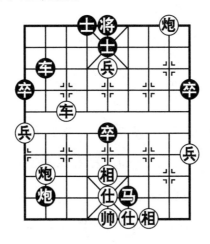

图 2-52

1. 车七平三……

红方此着是致胜的佳着,可谓一锤定音。

1. ……将 5 平 6。

黑出老将,出于无奈。如改走车 2 进 5 吃炮,红则车三进四;士 5 退 6,炮二平四;士 4 进 5,炮四退三;士 5 退 6,炮四平五;将 5 平 4,车三平四;将 4 进 1,车四退一;将 4 退 1,兵五进一,绝杀,红胜。

2. 炮二平六……

红方弃炮轰士,是迅速入局的妙着。

2.······士5退4。

黑如改走将6平5(如车2平5,红则炮八进七;将6进1,炮六退一;士5退4,炮八退一;将6退1,车三进四杀),红则炮六平九;车2进5,车三进四;士5退6,炮九平四;将5平4,兵五进一,绝杀,红胜。

3. 车三进四,将6进1。

4. 车三退二,将6退1。

5. 兵五平四,将6平5。

6. 车三进二,将5进1。

7. 车三退一,将5退1。

8. 兵四进一。

红胜。

第53局　黑龙江王嘉良(红方)

—广东陈柏祥

如图2-53所示,红先胜。

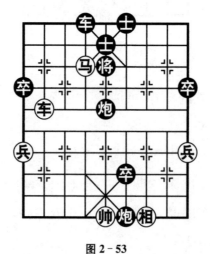

图 2-53

1. 车八平五,将 5 平 6。

黑如改走将 5 平 4 吃马,红则车五平六"闪门将"杀。

2. 车五进二,将 6 退 1。

3. 车五进一,将 6 进 1。

4. 车五平四或者马六退五杀。

红胜。

第 54 局 安徽高华(红方)

——广东黄子君

如图 2 - 54 所示,黑先胜。

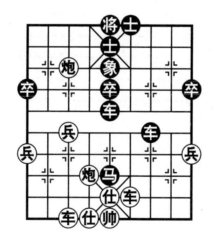

图 2 - 54

1. ……车 7 进 4。

2. 仕五退四……

红如改走车四退一,黑则马 5 进 7 杀,黑胜。

2. ……车 7 平 6。

黑方弃车杀仕,精彩之着。由此构成妙杀,红方认负。因如续走车四退一,黑则马5进7双照杀。如走帅五进一,黑则马5退7;帅五平六,车6退1;仕六进五,车5进4;帅六退一,车6进1杀,黑胜。

第55局 上海徐天利(红方)
—广东杨官璘

如图2-55所示,红先胜。

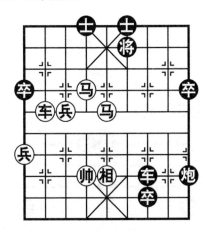

图 2-55

1. 马五进六,将6平5。

2. 车八进三,将5进1。

3. 后马退四,将5平6。

4. 车八平四或者马六退五杀。

红胜。

第56局 甘肃孙庆利(红方)
—北京张强

如图2-56所示,红先胜。

1. 车二进五,象5退7。

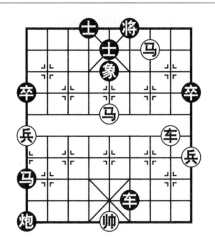

图 2－56

黑如改走将 6 进 1,红则马五进三;将 6 进 1,车二退二,红方速胜。

2. 车二平三,将 6 进 1。

3. 马五进三,将 6 进 1。

4. 车三平四!

红方投车于虎口,借帅成杀,精彩绝伦! 黑方认负。因以下士 5 退 6,后马退五;将 6 退 1,马五进六;将 6 进 1,马三退二杀,红胜。

第 57 局 河北纪建波(红方)

—河北李来群

如图 2－57 所示,黑先胜。

1. ……车 2 进 6。

2. 帅五进一……

红如改走帅五退一,黑则马 1 进 3;帅五进一,马 3 退 4;帅五退一(如帅五进一,黑则车 2 退 1 杀),马 4 进 6 杀,黑胜。

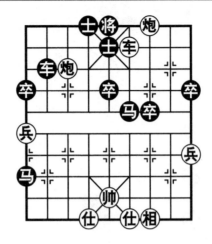

图 2 - 57

2.······马 1 退 3。

3. 帅五平四, 马 3 退 5。

4. 帅四平五, 马 6 进 4。

黑胜。

第58局　广东殷美娴(红方)

——江苏张国凤

如图 2 - 58 所示, 黑先胜。

1.······车 4 进 2。

2. 帅五退一, 马 8 退 6。

3. 帅五平四, 车 4 进 1。

4. 帅四进一, 马 5 进 7。

至此, 红方认负。因以下红如走帅四平五, 黑则车 4 退 1 杀; 又如走帅四进一, 黑则车 4 平 6; 炮七平四, 车 6

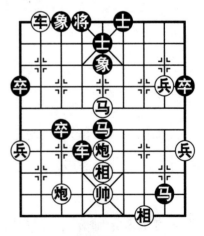

图 2 - 58

退 1 杀,黑胜。

第 59 局　云南章文彤(红方)
——火车头王向丽

如图 2 - 59 所示,黑先胜。

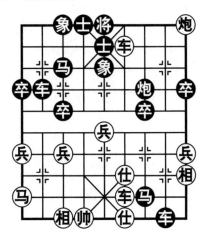

图 2 - 59

车 8 平 6!

黑方弈出妙手! 弃车杀仕,一锤定音,红方认负。因接走帅六进一(如车四退一,黑则车 2 平 4,黑胜),黑则车 6 退 1;帅六退一,车 6 进 1;帅六进一,车 2 进 5;帅六进一,车 6 平 4,黑胜。

第 60 局　沈志奕(红方)
——周大堂

如图 2 - 60 所示,红先胜。

1. 车七进四,将 5 进 1。

2. 炮九退一,将 5 进 1。

3. 车七平五。

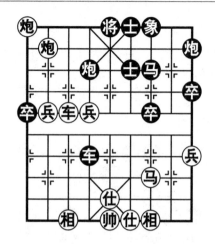

图 2－60

以下炮 9 平 5,炮八退一;炮 4 退 1,炮九退一,重炮杀,红胜。

第 61 局　郑锦荣（红方）

——陈永华

如图 2－61 所示,黑先胜。

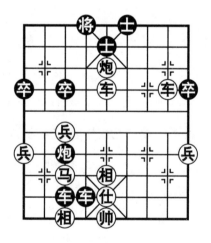

图 2－61

1. ……车 3 进 1。

2. 仕五退六……

红如改走马七退六,黑则车 3 平 4;仕五退六,炮 3 进 3;仕六进
五,车 4 进 1 杀,黑胜。

2. ……车 3 平 4!

黑方弃车杀仕,演成妙杀,红方认负。因以下红如马七退六,黑则
炮 3 进 3 闷杀,黑胜。

第 62 局 何鲁荫(红方)

—陈松顺

如图 2 - 62 所示,黑先胜。

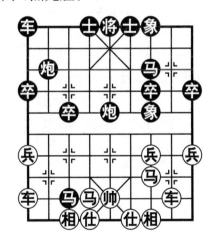

图 2 - 62

1. ……马 3 退 4。

2. 帅五进一……

帅上宫顶,逼走之着。红如改走帅五平四,黑则炮 2 平 6,绝杀无
解,黑胜。

2. ……炮 2 平 5。

3. 帅五平六,前炮平 4。

4. 帅六平五,马 7 进 5。

红方认负。因以下红如马六进五,黑则马 5 进 6;帅五平四,炮 5 平 6 杀,黑胜。

第 63 局　马来西亚何荣耀(红方)

——中国胡荣华

如图 2－63 所示,黑先胜。

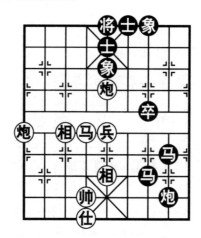

图 2－63

马 7 进 6。

黑方进马叫将,由此构成连杀,红方认负。以下杀着为:帅六进一(如帅六平五,黑则马 8 进 7 马后炮杀),炮 8 退 1;相五退三,马 8 进 6;相七退五,后马退 5 双将杀。

黑胜。

第64局　重庆杨剑（红方）

——浙江于幼华

如图 2-64 所示，黑先胜。

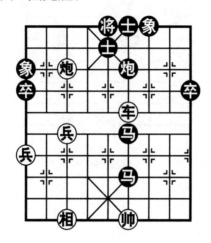

图 2-64

1. ……后马进 7。

2. 帅四进一，马 6 退 7。

3. 车四平三，后马进 5。

以下红如走帅四进一，黑则马 7 退 6；车三平四，马 5 退 6，红方失车。又如走相七进五，黑则马 5 退 6 杀，黑胜。因此，红方认负。

第65局　深圳李鸿嘉（红方）

——上海万春林

如图 2-65 所示，红先胜。

1. 后马进六，将 5 进 1。

2. 马八进六……

献马叫将，精彩之着，由此演成妙杀。黑将不能平 4 吃马，因红方

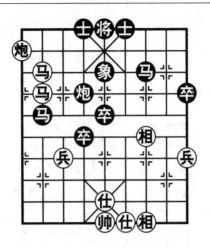

图 2 - 65

有马六进八马后炮杀。

2.······将 5 退 1。

3. 前马退四,将 5 进 1。

4. 马六进八,炮 4 退 2。

5. 马八退六。

红胜。

红方的杀法相当精彩,令人赞叹!

第 66 局 广东李广流(红方)
——江西陈孝堃

如图 2 - 66 所示,红先胜。

1. 马二进三,士 5 退 6。

2. 兵四进一······

兵冲底士,构成连杀。也可改走兵四平五,士 4 进 5;马三退四,双照绝杀。

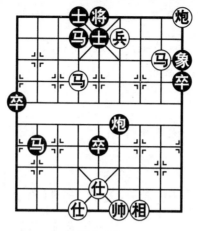

图 2-66

2. ⋯⋯马 4 退 6。

3. 马三退四。

红胜。

第 67 局 上海林宏敏(红方)

——浙江罗忠才

如图 2-67 所示,红先胜。

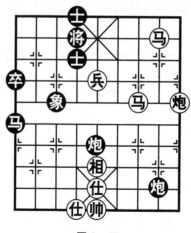

图 2-67

1. 马三进四,象3退5。

黑如改走将4平5,红则炮一进三,红胜。

2. 马二进四,将4平5。

3. 兵五进一。

以下是将5平6,炮1平4杀。

红胜。

第68局　天津冯刚(红方)

——上海王鑫海

如图2-68所示,黑先胜。

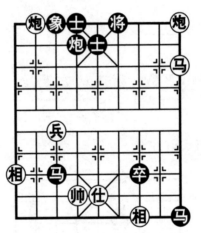

图 2-68

1. ⋯⋯马3退4。

2. 仕五进六,马4进6。

3. 仕六退五,马6进4!

弃马引帅,精妙之着! 由此引出精彩杀局。

4. 帅六进一,士5进4。

5. 帅六平五,马9退7。

黑胜。

第69局　邮电朱祖勤(红方)

—湖北李智平

如图2-69所示,黑先胜。

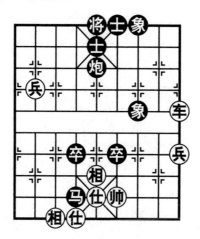

图2-69

1. ……炮5平6。

2. 仕五进四,卒6进1。

3. 帅四平五,炮6平5。

4. 相五进三……

红如改走帅五平六去马,黑则卒6平5;仕六进五,炮5平4;仕五进六,卒4进1,黑胜。

4. ……马4退5。

5. 相三退五,马5进7。

以下红相五进三(帅五平六,马7进6),黑则卒4平5;相三退五

163

（帅五平六,马7进6;帅六进一,卒5平4),卒5进1;帅五平六,马7进6,黑胜。至此,红方认负。

第70局 江苏廖二平(红方)

—山西吕刚

如图2-70所示,黑先胜。

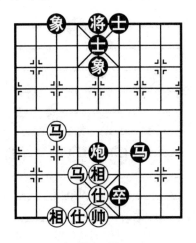

图 2-70

卒6进1。

黑方弃卒叫将,绝妙! 红方认负。以下的着法是:帅五平四,马7进8;帅四平五(如帅四进一,黑则炮5平9,伏马后炮绝杀),马8退6;帅五平四,炮5平6,马后炮杀。

黑胜。

第71局 江苏童本平(红方)

—辽宁卜凤波

如图2-71所示,黑先胜。

1. ……卒5进1。

164

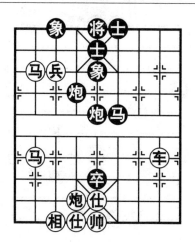

图 2-71

2. 帅五平四……

红如改走帅五进一,黑则马6进5杀,黑胜。

2. ……炮4平6。

3. 车二平四,马6进8。

以下红方如车四平二,黑则炮5平6或马8进6,均成杀局;又如红车四进三吃炮,黑则马8进7杀,黑胜。因此,红方认负。

第72局 沈阳孟立国(红方)

一杭州刘忆慈

如图 2-72 所示,红先胜。

1. 车四进三……

弃车杀士,精彩至极,令人拍手叫绝!

1. ……士5退6。

2. 车八平五,士6进5。

3. 车五进一。

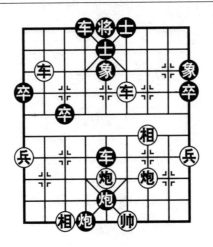

图 2-72

红胜。

第73局　广州简明基（红方）

——广州韩松龄

如图 2-73 所示，黑先胜。

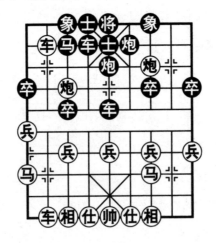

图 2-73

1. ……车4进8。

166

2. 帅五进一……

黑方弃车杀仕,妙着! 红如改走帅五平六去车,黑则车5平4杀。

2. ……车4退1。

3. 帅五退一……

红如改走帅五进一,黑则车5进2;帅五平四,炮5平6,黑胜。

3. ……车5进2。

至此,红方认负。因如续走相三进五,黑则车5进1;仕四进五,车5进1;帅五平四,车4进1,黑胜。

第74局　北京傅光明(红方)

——青海胡一鹏

如图2-74所示,黑先胜。

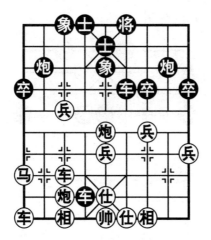

图 2-74

1. ……车4平5!

黑方弃车杀仕,犹如石破天惊! 由此迅速入局。

2. 仕四进五……

红如改走帅五进一,黑则炮 2 进 6;帅五退一(如帅五进一,黑则车 6 进 4 杀),车 6 进 6 杀,黑胜。

2. ……炮 8 进 7。

3. 仕五退四……

红如改走相三进五,黑则车 6 进 6,黑胜。

3. ……车 6 进 6。

4. 帅五进一,炮 2 进 6。

5. 帅五进一,车 6 退 2。

黑胜。

第 75 局　甘肃鱼宗海(红方)

—安徽丁晓峰

如图 2-75 所示,红先胜。

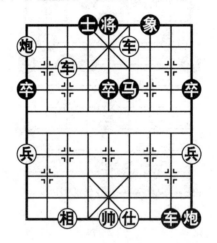

图 2-75

1. 炮九进一,士 4 进 5。

2. 车七进二,士 5 退 4。

3. 车七退一,士4进5。

4. 车四平五。

红方右车杀士,黑方无论走马6退5吃车,还是走将5平6,红方均走车七进一杀,故黑方认负。

第76局 河北程福臣(红方)
—黑龙江王嘉良

如图2-76所示,黑先胜。

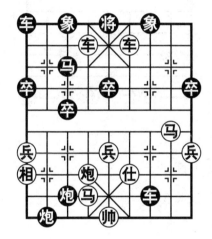

图 2-76

1. ……车7进1。

2. 马六退四,炮3进1。

3. 帅五进一,车7退1。

以下是帅五进一,炮3退2;炮六进二,炮2退2杀,黑胜。故红方认负。

第77局 江苏言穆江（红方）

—北京傅光明

如图2-77所示,红先胜。

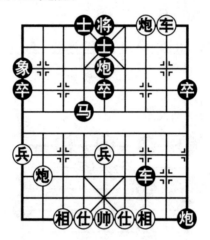

图2-77

1. 炮八进七,象1退3。

2. 炮三平六,士5退6。

3. 炮六平四,象3进1。

黑如改走将5进1,红则车二退一杀,红胜。

4. 炮四退二,将5进1。

5. 车二退一。

以下将5退1,炮四平九,伏炮九进二绝杀,黑无法解杀,红胜。

第78局 中国澳门梁波

—中国香港杨俊华

如图2-78所示,黑先胜。

1. ……炮2进1。

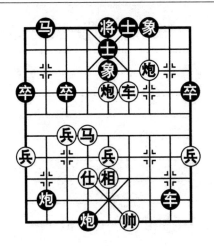

图 2-78

2. 相五退七,炮 4 退 1。

3. 相七进九,车 8 进 1。

4. 帅四进一,炮 2 退 1。

以下帅四进一,车 8 退 2 杀,黑胜。

第 79 局　上海单霞丽(红方)

—河北刚秋英

如图 2-79 所示,红先胜。

1. 车七平四,炮 5 平 6。

黑方卸中炮解将,实属无奈,如改走将 6 平 5,红则车六进八杀;再如士 5 进 6,红则车四进三杀,红胜。

2. 车四进三……

红方以弃车杀炮入局,异常精彩!

2. ……士 5 进 6。

3. 车六进八,将 6 进 1。

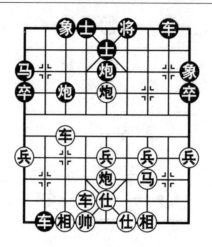

图 2-79

4. 前炮平四。

以下士 6 退 5,炮五平四,重炮杀,红胜。

第 80 局 辽宁卜凤波(红方)

——广东邓颂宏

如图 2-80 所示,红先胜。

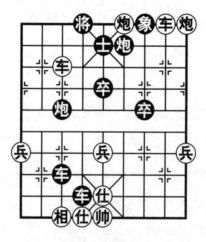

图 2-80

1. 炮一平三,将4进1。

2. 车七进一,将4进1。

3. 车二退二,炮6进1。

4. 车二平四。

红方弃车杀炮,入局精彩。由此构成连杀,故黑方认负。以下士 5进6,炮三退二;士6退5,炮四退二,红胜。

第81局 贵州唐方云(红方)

一辽宁金波

如图2-81所示,黑先胜。

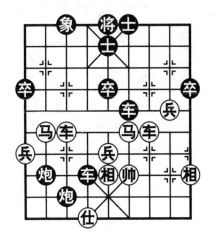

图 2-81

1. ……车4进2。

2. 相五退七……

红如改走相五退三,黑则车4退2;相三进五,车4退2;帅四退 一,车4进3;帅四退一,车4进1;帅四进一,炮2进1;帅四进一,车4 平6,黑胜。

173

2. ……炮 3 退 1。

3. 帅四退一,车 4 退 1。

4. 帅四退一,炮 2 进 2。

5. 相七进九,炮 3 进 2。

黑胜。

第 82 局　上海孙勇征（红方）

—大连杨汉民

如图 2-82 所示,红先胜。

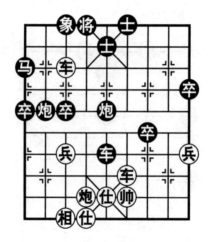

图 2-82

1. 车四平六,将 4 平 5。

黑如改走士 5 进 4,红则车七平六;将 4 平 5,前车进二;将 5 进 1,后车进六;将 5 进 1,后车退一;将 5 退 1,前车退一;将 5 退 1,后车平五;士 6 进 5,车五进一,红胜。

2. 车七进二,士 5 退 4。

3. 车七平六,将 5 进 1。

4. 车六进六,将 5 进 1。

5. 后车退一,将 5 退 1。

6. 前车退一。

以下将 5 退 1,后车平五;士 6 进 5,车五进一杀,红胜。因此,黑方认负。

第 83 局 广东卢竟宪(红方)
—广东陈德

如图 2-83 所示,黑先胜。

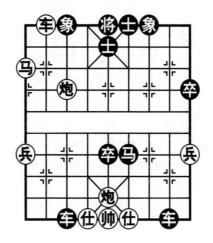

图 2-83

1. ……马 6 进 7。

2. 炮五平四,车 8 平 6。

3. 帅五进一……

红如帅五平四吃车,黑则车 3 平 4 杀。

3. ……马 7 退 6。

4. 炮四进一……

红如改走帅五平六,黑则车3平4或者车6平4杀。

4.……车3退1。

黑胜。

第84局　黑龙江金启昌(红方)

—北京刘文哲

如图2-84所示,红先胜。

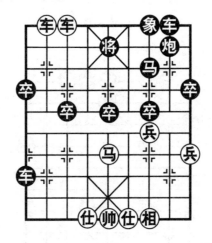

图2-84

1.马五进四……

红方虎口献马精彩动人,杀法刚劲利落。如改走马五进六,黑方可象7进5,兑掉一车后,黑方弃还一子,红方取胜的难度增大。

1.……马7进6。

2.车七平五,将5平6。

3.车五平四,将6平5。

4.车八平五,将5平4。

5.车四退一,将4进1。

6. 车四平五。

红胜。

第 85 局　张诚海(红方)

——甘雨时

如图 2-85 所示,黑先胜。

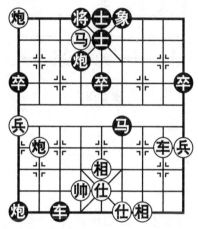

图 2-85

1. ……马 6 进 4。

2. 仕五进六,马 4 进 2。

3. 帅六平五,车 3 退 1。

4. 帅五退一,马 2 进 3。

5. 炮八退三,车 3 平 5。

黑方车献花心,顿成妙杀! 红方认负。因以下无论红走仕六退五还是仕四进五去车,黑均走马 3 退 4 双照杀,黑胜。

第 86 局　中国杨官璘(红方)

——菲律宾蔡文钧

如图 2-86 所示,红先胜。

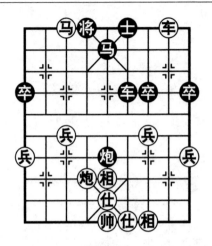

图 2－86

1. 马七退六,车 6 平 4。

2. 车二平四,将 4 进 1。

3. 马六进八,车 4 平 2。

黑如改走车 4 进 4 吃炮,红则车四平六杀。红也可走马八退七,将 4 进 1;车四退二,炮 5 退 4;车四平五,车、马冷着杀。

4. 车四平六。

红胜。

第 87 局 中国蒋志梁（红方）
—泰国刘伯良

如图 2－87 所示,黑先胜。

1. ……马 4 进 3。

2. 帅五平六,车 7 平 4。

3. 仕五进六,车 4 进 1!

黑方弃车杀仕,入局妙着,精彩绝伦! 由此演成妙杀。

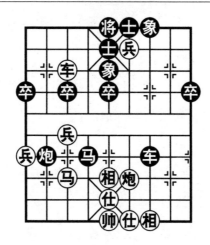

图 2 - 87

4. 炮四平六,炮 2 平 4。

黑胜。

第 88 局 黑龙江孙志伟(红方)

—安徽蒋志梁

如图 2 - 88 所示,黑先胜。

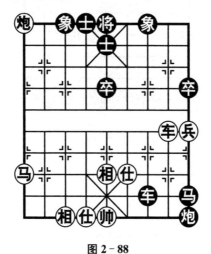

图 2 - 88

1.······马9进7。

2. 车二退四,车7平5。

黑方献车于宫心,绝妙之着!红方不能仕四退五或者仕六进五吃车,否则黑方马7退6双照杀,黑胜。

3. 帅五平四,马7退6。

黑方退马闪将抽仕,再走马6进8叫将,逼红方用车吃马来解杀。红方失车后败定,只好认负。

第89局　北京臧如意(红方)

——江苏徐建秒

如图2-89所示,红先胜。

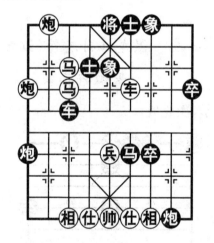

图2-89

1. 前马进六,象5退3。

红方献马照将,妙手!黑方不能将5平4吃马,否则红方车四进三杀;也不能将5进1,否则红车四进二杀。

2. 车四平五,士6进5。

3. 马六退五,象 3 进 1。

黑方另有两种走法,也不免一败:

①象 3 进 5 吃马,红则炮九进三重炮杀,红胜。

②士 5 退 4,马五进三;将 5 平 6,车五平四,红胜。

4. 马五进三。

至此,黑方认负。因以下黑如将 5 平 4(如将 5 平 6,红则车五平四;士 5 进 6,车四进一杀),红则马七进八;车 3 退 3,炮九平六,红胜。

第 90 局　上海谢靖(红方)

——北京张申宏

如图 2 - 90 所示,红先胜。

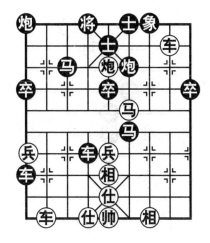

图 2 - 90

1. 马四进三……

红方此着是迅速入局的佳着,有一锤定音之效果。

1. ……马 6 进 8。

黑方进马是无奈之举。如改走象 7 进 5 去炮,红则车八进九;将 4

进1,马三进四;将4进1,车二平五(车八退二亦可);马3退2,车五退一,红胜。

2. 马三进四,马3进2。

3. 炮五平八。

红方平炮演成绝杀,黑方认负。

红方此时若随手走车八进五吃马,黑则车4进3;仕五退六,马8进6;帅五进一,车1进1杀,黑反败为胜。

第91局 北京王胜(红方)

——河北李来群

如图2-91所示,黑先胜。

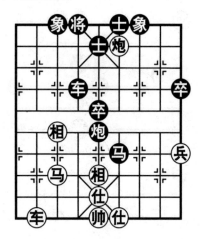

图2-91

1. ……马6进4。

2. 帅五平六,马4进3。

3. 帅六平五,车4进6!

黑方献车,精彩绝伦! 由此构成妙杀,令人赞叹不已。

4.马七退六,马3退4。

黑胜。

第92局　辽宁卜凤波(红方)
一广东吕钦

如图2-92所示,黑先胜。

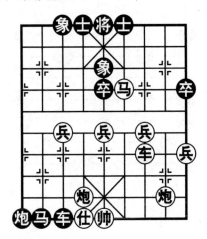

图 2-92

1.……车3平4。

2.帅五进一,车4平5。

3.帅五平四,炮1退1。

4.帅四进一……

红如改走炮六进一,黑则马2退4,马后炮杀。

4.……马2退4。

以下炮二平五,车5退1去炮后,绝杀,红方无解,黑胜。故红方
认负。

第93局 马来西亚张鹏(红方)

—菲律宾吴德胜

如图2-93所示,黑先胜。

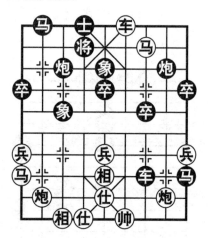

图 2-93

1.……炮3进7!

黑方弃炮击相,乃入局佳着,由此构成连杀。

2. 相五退七……

红如改走帅四进一,黑则马9进8,黑方速胜。

2.……车7进2。

3. 帅四进一,马9退7。

4. 帅四退一,车7退2。

5. 帅四退一,车7平9。

以下帅四退一,车9进2杀,黑胜。

第94局 河北刘殿中(红方)

—广东吕钦

如图2-94所示,黑先胜。

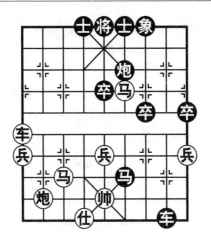

图 2 - 94

1.······车 8 平 5。

2.帅五平四,马 6 退 8。

3.马四进二,马 8 退 6。

以下马二退四,马 6 进 7;马四进二,车 5 平 6 杀,黑胜。故红方认

负。

第 95 局 安徽许波(红方)

—广东杨官璘

如图 2 - 95 所示,红先胜。

马七进五。

红方献马贴将叫将,精妙之着。由此构成妙杀,故黑方认负。以

下变化为:士 5 退 4(如将 6 平 5 吃马,红则炮八进一重炮杀,红胜),马

五退六;士 4 进 5,车七进二(或炮八进一杀);士 5 退 4,车七平六杀,

红胜。

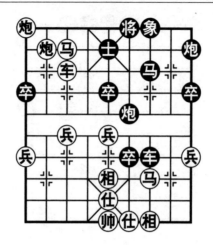

图 2 - 95

第96局 山西裴君华(红方)

—广西兰爱辉

如图 2 - 96 所示,红先胜。

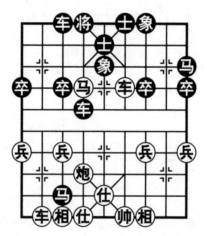

图 2 - 96

1. 马六进五,车 4 进 3。

黑如改走将 4 平 5,红则车四进三;将 5 进 1,车八进八;车 4 退 3,

车四退一;将 5 退 1,车八平六,绝杀,红胜。

2.车四进三,将 4 进 1。

3.车八进八,将 4 进 1。

4.马五进七。

以下黑如续走象 5 退 3,红则车四退二;象 7 进 5,车八退一;将 4 退 1,车四进一;将 4 退 1,车四进一;将 4 进 1,车八退一;将 4 进 1,车四平六杀,红胜。因此,黑方认负。

第 97 局　安徽蒋志梁(红方)

—浙江于幼华

如图 2 - 97 所示,红先胜。

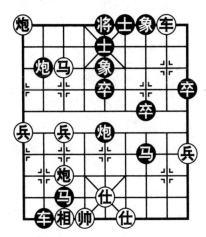

图 2 - 97

1.马七进六,炮 2 退 2。

退炮乃逼黑之着,黑如改走象 5 退 3,红则炮七进七,红方速胜。

2.马六退五。

红方退马踏中象叫将,构成连杀,黑方认负。因黑如续走士 5 退

4(如炮2进1,红则马五进七杀),红则马五进七;将5进1,车二退一,红胜。

第98局　江苏言穆江(红方)

—四川蒋全胜

如图2-98所示,黑先胜。

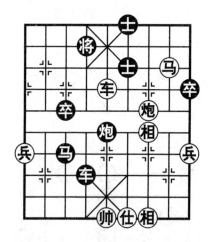

图 2-98

1. ……车4进2。

2. 帅五进一,车4退1。

3. 帅五退一,马3进5。

黑方弃炮进马叫将,乃入局的妙着,红方认负。因以下红如车五退二去炮,黑则马5进3;马二进三(如仕四进五,黑则车4进1杀),车4平6杀,黑胜。

红如不退车吃炮,而改走仕四进五,黑则车4进1亦杀,故红方认负。

第 99 局　云南陈信安（红方）
—安徽邹立武

如图 2-99 所示，黑先胜。

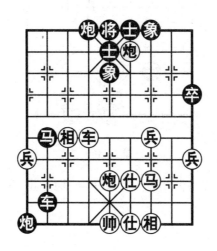

图 2-99

1. ……车 2 进 1。

2. 帅五进一，马 2 进 3。

3. 车六退二，车 2 退 1。

4. 帅五退一，马 3 进 4。

黑马遥借底炮之力，进马底线叫将，构成妙杀，黑胜。

第 100 局　中国赵国荣（红方）
—新加坡郑祥福

如图 2-100 所示，红先胜。

车五进三。

红方弃车引将，形成妙杀，黑方认负。因以下黑走将 4 平 5，红则

189

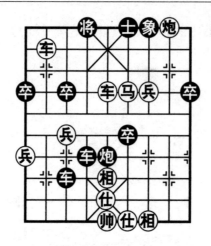

图 2 - 100

车八进一;车4退6,马四进三;将5进1,炮二退一马后炮杀,红胜。